だいわ文庫

英語ができない私をせめないで！

I want to speak English!

小栗左多里

大和書房

はじめに
みなさん こんにちは
私は英語がほとんど話せません
と言うと多くの方は「私もそうだ」と言ってくださるかも知れませんが
私は イングリッシュネイティヴの配偶者がいるにも関わらずなのです
このような
よんだ?
なんで?
ごもっともな質問でございます なぜかと言うと…

抜本的改革がなされないとね
彼が日本語ペラペラだからです
だからってこもったいなーい!!
まぁ…そんな意見もありますかねぇ…
でも英語を勉強するために外国人と結婚したわけでもないし…
別に英語話す必要性もないしね
コンプレックスゼロ!!
…という感じでここまできたのですが…
ラララ～♪
さおり
びくっ

そろそろ 海外に移ること 真剣に考えてみない？
え…
うん…
海外… そりゃあ 一度は 住んでみたい
N.Y.(というかマンハッタン)にのみ興味あり!!
しかし!!
今の状態で 海外に 住んだら…
コジャレた ベーグル屋で
わからない!
ステキな パーティで
何
わからない!
心の友 テレビが
わからない!
そして…

英語なんかわからんのじゃーーっ
バカーーッ
みんなバカーッ
ドメスティック・バイオレンス
はっ
あぶない…
私…何をしてしまうか
仕方ない…
じゃあここはひとつ
英語を勉強してみよう!!
ぐっ
いみなくつま先立ち

さてそれから始まった
英語砂漠の
放浪旅…
しかも
旅人
35歳超
→ぼかした
脳細胞も
ガンガン
壊れる
お年頃
シナプス
(記憶を伝達する細胞)
バンザーイ
バンザーイ
キャー
いや
だけど
負け
ません
という予定…
ぐぐっ
大切なものは
気合いだ!!
といいつつ
寄り道し放題の
私の旅
まず
おやつを
入れて…と
恥ずかしながら
披露させていただきます
どうかおつきあいください…

英語ができない私をせめないで！

もくじ

はじめに 3

STEP 1 まったく英語が話せない！

初めての外国人 18

ニューヨークまでのかなり長い道 21

ふくらむ妄想、そして不安 24

摩天楼は、バラ色でした！ 27

✿ニューヨークの思い出 30

STEP 2 トニーに相談してみた！

発奮・その1●私の実力を直視してみる 39

発奮・その2●どのように学べばいいのか考えてみた 41

✿語学オタクの観察 46

STEP 3 英会話スクール初体験！

✿衝撃の発音矯正塾 53
鬼校長のスパルタ・レッスン 59
いくら先生でも、それを言っちゃあ…… 61
プレッシャーにつぶされそうな恐怖の授業 63
✿ちょっと変わったスクール①先生のお宅でレッスン 66
✿ちょっと変わったスクール②米軍ハウスでレッスン 68
✿ちょっと変わったスクール③クッキングでレッスン 70
✿ちょっと変わったスクール④劇を演じながらレッスン 72
✿ちょっと変わったスクール⑤映画を使ったレッスン 74
いろいろスクールはありますが…… 76
私のレベルは「中級」だ、そうです 77

STEP 4 英語の本を読んでみた！

コマ切れに英語と日本語を覚える本 83
絵で見る英語の本 84
運命の教材に出会ったかも！ 86
私は二ヵ月坊主 91
✿英語教育と私 94

STEP 5 ネットで勉強してみた！

英語タウンで小テスト！ 103
無料で毎日英単語レッスン！ 104
ゴロ合わせで覚える「ユニーク・イングリッシュ」 107
覚えた単語はココでチェック！ 112
TOEIC受験者、必須サイトかも！ 113
まだまだあります、使えるサイト！ 114
自分の最適学習法がわかる(?)サイト 115
楽しいしおもしろいし情報も満載だけど…… 121
英語コラムがおもしろいサイト！ 123

ズボラな人に！ 辞書いらずの翻訳サイト 124
動詞のことならココに飛べ！ 125
✿マジックリスニング 127

STEP 6 英会話スクールに通ってみた！

月二万円で通い放題!? 137
初日からトラブル発生！ 138
なんかイヤ～な予感 140
✿英会話学校での出来事 143
外国人校長にクレームをつける！ 155
スクールで、勉強の楽しさが初めてわかった 158
話すことが目的で、話したいことは何もない？ 161
「初心者クラス」だけが混んでいる！ 162
先生のレベルに差がありすぎ？ 164

いきなりマネージャーがやめていた！ 166
会話で「正しい言い方」は身につくか？ 167
スクールが気になって仕事が手につかない！ 169
それでも、やっぱり、いいかもね 171
✿英会話喫茶に潜入 174

STEP 7 ネットで先生を探してみた！

まるでお見合いのような……！ 183
スクールよりも「効率」大！ 184
先生を決めるポイントは三つ 185
初めは日本語であいさつ 188
いよいよ先生とご対面！ 190
「感じ」をつかむためには会わなきゃね 193
✿これからやりたいベスト3 195

STEP 8 ラジオ英会話を聴いてみた！

本場の語学授業をリアル体験できる！ 201
アメリカのお子さま番組は繰り返して活用！ 202
集中できる一日一五分の「ラジオ英会話」 204
かろうじて耳に入れば……の「FEN」 208
覚えるための「貼り紙」はココに！ 209
結論！ 私の英語最強メニューは…… 211

最後に一言…… 215

英語ができない私をせめないで！

I want to speak English!

STEP 1 まったく英語が話せない！

初めての外国人

初めて外国人と話をしたのは、いつだっただろうか。

私が生まれ育った岐阜県は昔は本当に外国人が少なくて、近所に外国人のお嫁さんが来たときは、それが噂になるくらいだった。

　確か私が面と向かって話した最初の外国人は、私の通う高校に交換留学生として来ていた女の子。

　一学年下のN君が留学生と校内を歩いているところに出会って、言葉を交わしたのだった。

　なぜそんなことを覚えているかというと、そのとき留学生の話していることが私にわかったから、なのだ。もっと正確に言うと、N君にはわからなかったのに、私には、わかったから。

　ここでたぶん、わからなくなったであろうみなさんに説明すると、私の高校は「普通科」「美術科」「音楽科」があって、N君は「普通科」で、私は「美術科」。その当時、うちの高校の「普通科」とい

うのは県下で一、二をあらそう賢い子の集団で、N君は中でも上のほうの成績だったと思う。

一方「美術科」は、今はどうかわからないけど、私がいた頃は学業的に、かなり「普通科」とは差がつくレベル。

まあ「美術」を専門的にやっているわけだから、「アホでもいい。元気ならいい」なんてことは誰も言ってないけど、単語を覚えるよりはデッサンを描いたり、地面に転がって遊んだりして暮らしておったわけです。

で、留学生の女の子と話したとき（といっても互いの言葉がわからないので、見つめあって笑う時間が多いのだが）、

「車の免許は持ってるの？」

と怪しい英語で聞いたら、

「あうわれろられろろお」

といった感じの音が返ってきた。つまり、さっぱりわからん。N君も同様で、二人で「もう一回」と言ったら、彼女はもう一度、

「あうわれろらくてぃすでゅあらえかー」

みたいなことを言ってくれた。

このとき、私の耳は「ぷらくてぃす」らしき単語をキャッチした。「プラクティス＝練習」である。って、自慢げに言うほどの単語でもない。

それで「あー、練習してんだ⁉ プラクティスね‼」とそうとう日本語のままで言いつつハンドルを持つマネをしたら、「イエス、イエス‼」と彼女もうれしそうだった。

こうしてつたないながらも、しばらく話（みたいなもの）をしたのだけど、このとき思ったのが、

「単語が拾えれば、あとはカンでわかる」。

そう、カンって大事。たった一つの単語から、いろんな連想を瞬時に行えばいいのです！

大変ですが、そこはそれ、昔から相手の気持ちをおもんぱかってきた日本人。弾が切れるまで、ヘタな鉄砲を打て！ という気概でいけば。

とはいえ時に人は、予想だにしない主張を持っているので、肯定

と否定をまちがえるような危険とうらはら、でもありますが。

そしてもう一つ思ったのは、

「学校の英語の成績と、英会話力は関係ないのかな」

ということでした。

あの頃、英語のテストを受けたら、学年は下でもまちがいなくN君のほうが私より成績がよかったと思う。私も英語の成績は悪くなかったけど、「東大も検討範囲」の子にはきっと負ける。でも留学生との会話では、ほとんど大差ない、どころか私のほうが先に理解できることのほうが多かったのだ。

これが「生(なま)の英語」の初体験。

ニューヨークまでのかなり長い道

時は流れて大学卒業のとき。

普通は就職するから卒業前に「卒業旅行」に行くのですが、私は就職活動を途中でやめてしまい、卒業直後に行きました。

これが、初めての海外旅行。

旅行といっても、どうせ行くならと思って一ヵ月。

当時仲のよかった友達が一年間、ニューヨークに留学していたので、そこに泊めてもらうことにしたのでした。

友達は春休みでいったん日本に帰国して、彼女がニューヨークに戻る日に私も行くことにしたのですが、飛行機は別々で、現地ＪＦＫ空港で待ち合わせということに。

しかし「一ヵ月、帰りのチケットを持たずに行くとなると、ビザが必要なので、アメリカ大使館でもらってきてください」と旅行代理店の人に言われ、わけもわからないまま、アメリカ大使館へ。

ドキドキしながら待っていると、名前を呼ばれて、受付のカウンター越しに鋭い目の男の人が立っていました。

「Can you speak English ?」

と突然言われたので、（うっそー、この面接全部英語!?）と驚きつつ、あわてて頭と手を大きく振りながら「No !!」と返事。

「Really ?」

と確かめられて、元気よく「Yes !」と叫ぶ私。しかし後から考えると、「Really ?」と聞かれて「Yes」と言ったら、英語で言えば「話せる」ととられる返事。まあ大使館の人はこういう取りちがえに慣れているだろうし、こんな答えを返すくらいだから、それが話せないことの証明にもなっていたと思うけど、確かめるためか、まだ英語で何か言ったりしている。

が、私が本当に理解していないとわかったらしく、いきなり流暢（りゅうちょう）な日本語で、

「アメリカで働きたいと思ってないですか？」

と質問してきた。（に、日本語話せるじゃん……）と驚き、また（大使館の人はこのことを恐れていたのか）と納得しつつも、

「いえ！　とんでもないです!!　こんなに英語話せないのに!!」

と必死に訴える。

激しい身ぶり手ぶりで、「まっさかぁ〜、もう全っ然、無理っすから自分!!」みたいなムードを演出した。しかし「ほんとに？」と、

また相手もしつこい。実はこれ、私がビザ申請の職業欄に「イラストレーター」と書いていたからかもしれない。

ニューヨークに長く住んでいる別の知り合いが「無職じゃなく、何か職業を書け」と言ったのでこう書いたのだったが、芸術を学ぼうとニューヨークをめざす若者なんてワンサカいるんだから、「イラストレーター」というのも、「無職」と同じくらい警戒される職業なのかもしれなかった。

今となってはもう何を言ったのか詳しく覚えてないけれど、とにかく「一カ月後に帰ってきて働く予定がある」とかいろんなことを言って、やっとビザを出してもらえたのだった。

ひと仕事終えた私はぐったりしつつ、「アメリカ……なかなか手強い相手だ……」と思いつつ、それでもホッとしたのを覚えている。

ふくらむ妄想、そして不安

が、しかし!! まだまだ油断は大敵なのであった。

ビザが出ていても、向こうの空港での入国審査にひっかかれば一カ月いられるかどうかはわからない、というのだ！

なんだそりゃー!!

聞くところによると、私のビザの「一カ月」というのは「最大いられる期間」なだけであって、入国のとき、入国審査官が審査して（この文、とても頭が悪い感じ）この日本人がどれだけアメリカにいていいかを決めるという。

審査官が私を「こいつ、ちょっと怪(あや)しい」とニラんだら、「一週間」のスタンプをポン！　と押すかもしれない。

そうしたら、**私は一週間しかいられないのだ!!**

いやいや、それどころか、「こいつ、もんのすごくアメリカで悪いことしそう。っていうか住み着くかも!!」と思ったら、衝撃の「入国拒否」を押されてしまうかもしれない!!　そんなスタンプもあるの!?

いやわからないが、海外初体験の私にとって、まだ見ぬ世界は果てしない。

「なんとしても、強制送還は避けねばならぬ」悲壮(ひそう)なる決意。

　そう、苦労して取ったビザを最大限に活(い)かし、ニューヨークを満(まん)喫(きっ)するため、なんとしてもがんばるのだ。でも、どうしたらいいのか？

　そこで、よく海外を行き来する英語のできる人に、入国審査の相談をした。

　するとその人は「たぶん大丈夫だと思うけど、こう聞かれたらこう答えるんだよ」と言って、やり取りを仮定してその英語を紙に書き、それから、

「ＪＦＫなら、日本語が話せるスタッフがきっといるから、どうしても困ったら〝ジャパニーズ　スポークン　プリーズ!!〟と叫び続けろ」

　と教えてくれた。

　そんなこと言われたら、すでに私の頭の中では、「両脇をでっかい外国人審査官に挟(はさ)まれながら泣きそうな声で、〝ジャパニーズ　スポークン　プリーズ!!　ジャパニーズ　スポークン　プリー

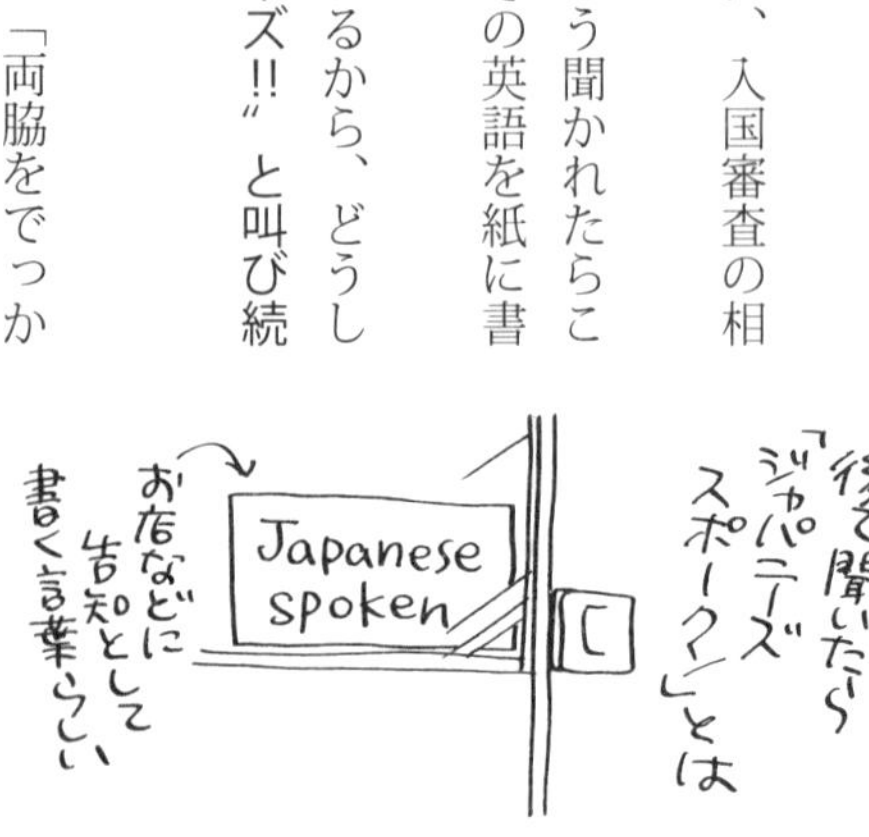

ズ!!〟と懇願する私」が、はっきりと見えている。ときどき、「アーイームー　アー　ジャパニーズ！」とも叫んでいるではないか。もう半泣きで。

と、このことを考えると不安は不安だったのだが、出発前日まで私はアルバイトをしていて大忙しだったので、あまり旅行のことを考えるヒマがなかった。

摩天楼は、バラ色でした！

さて、いよいよ出発当日。前日にバイトが終了し、徹夜で荷造りをして飛行機に乗りこんだ。

ニューヨークまでは一四時間。

アメリカの航空会社だったので、ここからは全部英語。そう思うと少し緊張したけど、それより心配なのは入国審査だ。

後ろのほうの空いた席で横になりながらも、審査官の質問に備えて書いていてもらった英語を何度も小声で練習していた。

なので
こういう時は
Japanese Speaker, Please!
が
正解です

「ああ言われたら、こう言おう。こう言われたら、ああ言う。これは言っちゃいけない。とにかく、怪しまれないように。そして最終的には〝ジャパニーズ　スポークン　プリーズ〟！」

　もう頭の中はパンパンだった。

「オレンジジュース」と「フィッシュ　プリーズ」しか交わす言葉もなく、一人でいるんだから妄想（もうそう）はふくらむばかりだった。

　それにしても噂には聞いていたが機内食のまずさときたら……。愕然（がくぜん）とした。そして不安になった。アメリカに一カ月いられたとしても、食生活は大丈夫なんだろうか？　脂（アブラ）っこくなく、それでいてコクがあり、素材のよさを生かしつつ、また同時に奥行きのある、そんなアメリカ料理はあるのか。ないか。入国審査に加えてもう一つ、私には心配事が増えた。


　そして……やっと着いたＪＦＫ空港!!

　入国審査の列に並ぶ。

　私の番が来た。女性の審査官だった。

「目的は？」「どこに泊まるの？」といった質問がいくつかあって、私がすべて答えると、「ＯＫ」と言ってすぐスタンプをポン！ と押してくれた。それから、

「Welcome to America !」

と言って一瞬だけニコッとした。

スタンプの日付は、一ヵ月先のものだった。

「Thank you !」と叫んで、審査を抜けた。

「よかった〰〰〰」心底、ホッとした。

ロビーに出て少し歩いたら、友達がスーツケースに座っているのが見えた。

そして、タクシーに乗って、マンハッタンへ。

橋から見える摩天楼（まてんろう）は、今まで映画やテレビで見ていた、ニューヨークだった、本当に。

ニューヨークの思い出
毎日一人で歩きまわったニューヨーク
印象に残る英語体験といえば…
時々利用したファストフードで
「これ！」で通じるしチップがなくてラク
DWICHES
えーと… This one… and this…
きんちょーしつつも
Which dressing would you like ?
ど… dressing ね…

これくらいなら言える…!
ぐっ
What kind of dressi…
べラべラ
おーらんびねぐーぅ れんちすぅざなーらー あんど ぶるーちーず
はやっ…
べラ
ブルーチーズだけ聞きとれたけど…キライ…
↑今は好き
Once more plea…
おーらんびねぐー れんちすぅざ なーらん あんど ぶるーーちー〜〜ず
べラ
べラ
べ〜〜〜
たまる客
ううう
持って待ってる

ブルーチーズ
plea…
OK!
…うう
へロッ
ワタクシの脳内
さっきの言葉をよく思い出せ
「おーれんびねぐーうれんち
すうざなーらん
あんどぶるーちーず」
「すうざなーらん」
ってそれは
「さうざんあいらんど」
かも
しかし
↑この㋞発音心配
どのみちムリだったか
結果
かーびーく〜さ〜
マイルドという概念はないのかアメリカには
しかし3口
食べたら
おいしくなり
それ以来
好きになつた
このほかお店で
何か聞かれたりしても
わからなかつたら
Yes!
えーい
と元気よく答えていた
私の場合は
大丈夫でしたが
危険かも知れないので
気をつけてください
私も今は理解するまで
聞き直します

もうひとつアジア系の「デリ」で
$5.15
じゃあ $6 だそう
チーン
パッ
パッ
↑無言で
見た瞬間
あれ？ 25セント 足りなくない？
でも
じーーーっ
試すような 視線…
お前観光客じゃないの？お金数えられるわけ？
みたいな

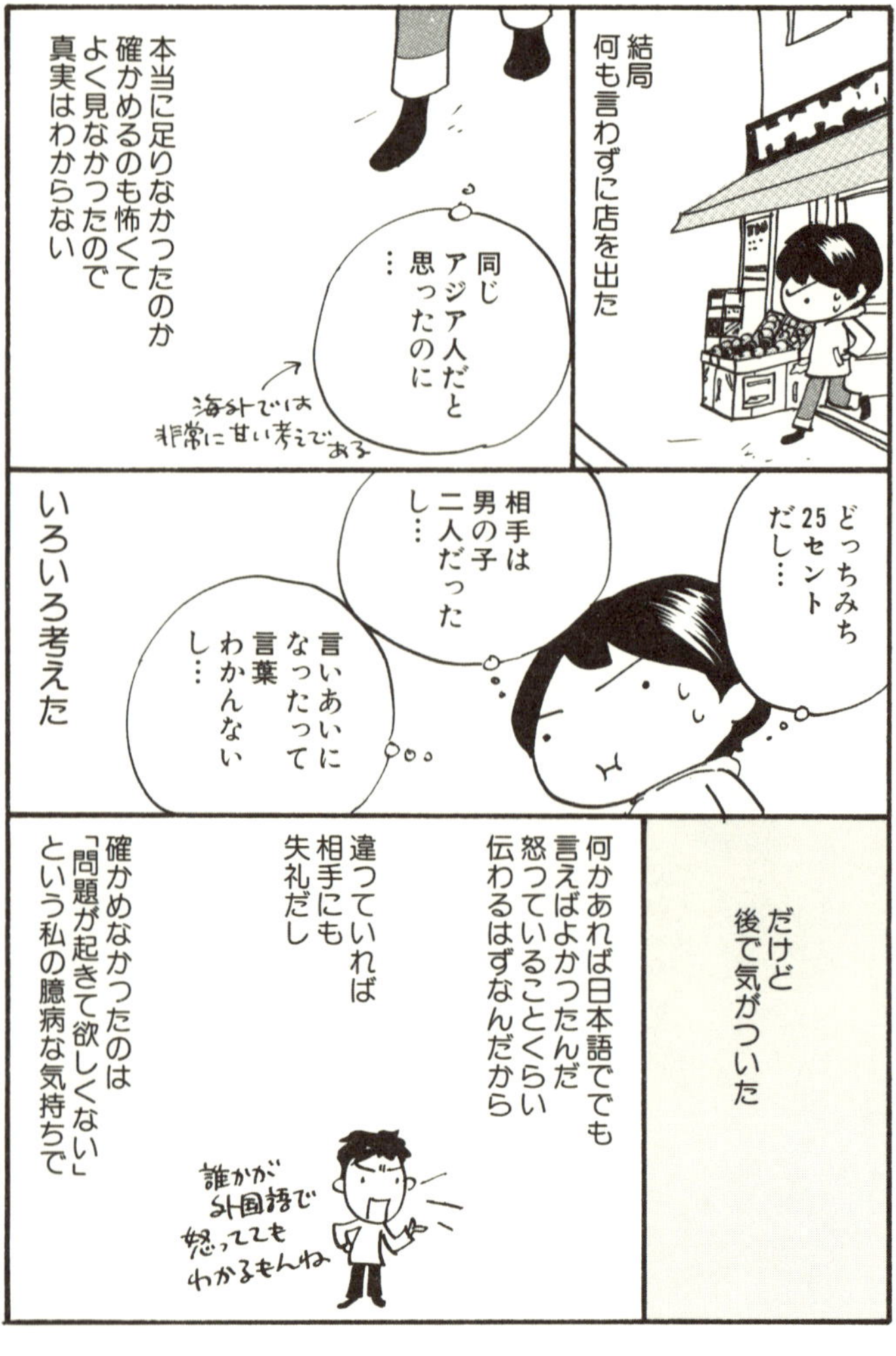
結局
何も言わずに店を出た
同じ
アジア人だと
思ったのに
…
海外では
非常に甘い考えである
本当に足りなかったのか
確かめるのも怖くて
よく見なかったので
真実はわからない
どっちみち
25セント
だし…
相手は
男の子
二人だった
し…
言いあいに
なったって
言葉
わかんない
し…
いろいろ考えた
だけど
後で気がついた
何かあれば日本語ででも
言えばよかったんだ
怒っていることくらい
伝わるはずなんだから
違っていれば
相手にも
失礼だし
確かめなかったのは
「問題が起きて欲しくない」
という私の臆病な気持ちで
誰かが
外国語で
怒ってても
わかるもんね

あの時の私に
足りなかつたのは
「言葉」じゃなくて
「勇気」だつたんだ
と思います
それから
10年以上が
たち
日本のマンガは
あなたの国の
マンガと
違うの!!
外国人にも
日本語で言い返す
ようになりました
さおり おちついて
おう
→これはマネしなくても
よいのですが
「言いたいことは
臆せず言う」
そんな気持ちが
とつても大事だと思う
読んだことあるの!?
まあまあ
きみは日本人ぽくないけな

STEP 2

トニーに相談してみた！

最後に英語を勉強したのは大学二年のときだから、それからほぼ一六年。以来、かなり英語から遠ざかっている。遠い、というか、見えない。

思いきって言うけど、「have」って何？　そんな状態である。

さて、そこから英語を学んでいこうという無謀さ。やっぱやめよっかな。

まあそんなこと言ってると、いつまでたっても進まないので発奮することにします。

発奮・その1●私の実力を直視してみる

さっきも告白したように「have」で文章が作れない。意味合いの見当はだいたいつくし、決まった言いまわしはできるけれども(I have never seen~とか)、概念としてつかみきっていない。しかし、「have」ってかなり大切じゃないかという予想はついている。当たり前か。

それから、ボキャブラリーが異常に少ない。学校に行っている頃は「学校英語」といえども単語を覚えてはいたのだが、しょせん丸暗記。使わなければキレイに忘れてしまうのだ。まだ誰もすべっていない早朝のスキー場。そんな美しい風景が、私の脳内には広がっています。

で、聴き取りはどうかというと、これは少しだけできる。トニーが見ているテレビや人と話す英語などをなんとなく聞いていて、少しわかるようになりました。でも本当に少しです。どれくらいかと

いうと、セサミストリートがギリギリわかるくらいです。中にはわからないセリフや単語もあります。なんといってもボキャブラリー、ないですから。

で、結局、自分はどの辺にいるのか。

トニーに聞いてみました。

「私って、ネイティヴでいうと何歳くらいなんだろう？」

「うーん、それはむずかしすぎるよ。きみは大人だから、大人の概念を持ってる。でも子どもにはそれがない。だけど子どものほうが理解はしてるでしょ？」

「うん、確かに。でもむりやり言うと、どれくらいかな？　三歳？　二歳くらい？」

「んー……三歳でどうかな？」

「やっぱりそれくらいかな」

「四歳や五歳よりは、おいしそうですしね、サンサイ」

「トニー、それは山菜（サンサイ）……（思いっきり軽蔑（けいべつ）のまなざし）」

まあこのように、英語が話せるからといって、その人がスゴイ人というわけではないんだ、ということを私は知っています。

それはよい点かもしれません。

しかし、三歳と判定してはもらったものの、実は二歳の子と話しても、私のほうが話せていないんですよね。二歳の子は、ちゃんとお母さんの言葉もテレビの言葉も理解し、会話していますから。でも、とりあえずこの査定が正しいとすると私の英語は、

「三歳からの出発」。

これ、実年齢に追いつく日は来るのか⁉

発奮・その2●どのように学べばいいのか考えてみた

初めのほうにも書きましたが、うちにいる語学オタク、独学で何カ国語も学んでいるトニーに、どうすればいいかを相談しました。

そもそも私が英語を話せないのは、彼が日本語を話しすぎるから、ということと、彼によれば「言葉を教えるようになって関係が悪くなる国際カップルがまわりに多い」ので、彼が私に英語を教えてい

ないから、でもあります。それは私にもわかります。

　彼が日本語を話せないなら、おたがいの努力によって近づこうという「対等」な感じがするけれど「先生と生徒」となると、そこに「優劣」が生じる。

　たまにあることなら「ちがうよ、こうでしょ」って言われてもいいけれど、語学は永遠に続く道。ずーっと相手に先生として、自分の能力を判定され続けるなんて、イヤだ――っ！　と思う。

　それに私の場合、相手は筋金入りのオタクでこのうえなく真面目。ほんのちょっとした疑問を投げかけても、その返事は遠い遠い語学の迷宮を通り抜けて返ってくるのです。たとえば、

「〝許す〟って何て言うの？」

「何を許すの？　どういう状況で？」

　というのはわかりますが、それに全部答えても、

「この場合はこう言うんだけれども、相手がこうなのかどうかによってちがうから、一概には言えないんだよね。そもそも〝許す〟って言葉はドコソコからきていて……」

と、私にはとても受け止めきれないような球を返してきてくれるわけです。

でも、答えてくれるようになっただけマシなのです。以前は私がまったく英語を勉強していなかったため、何を聞いても、

「……本当に知りたいの？」

と疑いの目を向けられ、

「知りたいから聞いてんじゃん」

と言っても、

「その言葉だけ教えたって意味ないんじゃない？　本当に知りたいなら、言葉全体を自分で勉強すべきだし、まず辞書をひくべきだよ」

とまったくもっての正論で返されていたのです。

でも私も負けずに、

「いやいやいや。外国人とつきあった人がその国の言葉を話せるようになるのは、〝これ何て言うの？〟って聞いたらすぐ〝こう言うんだよ〟って教えてくれるからじゃないですか」

と言ってみたりするわけですが、こっちは教えてもらう立場。弱い。しかもワタクシずばり、なまけ者。それに教えてもらったって、そのあと何もしないんだから、本当にすぐ忘れてしまったりする、ほうけ者でもあるのだ。

彼のような「努力しない者は認めない」人にとっては敵とさえ言える人間。というわけで、英語なんて全然教えてもらわずに今日にいたったわけです。

で、肝心の、勉強法。

私は、英会話学校に行ったほうがいいかと思っていたのですが、彼は独学の人ですから、学校なんて行かなくていい、と言う。

「学校に大金を払うなんてバカバカしいよ。そんなにお金をかけなくても言葉は覚えられるのに」

「どうやって？」

「全部を、その言葉に切り替えればいいんだよ。テレビも新聞も本も、今ならDVDもあるじゃない」

しかし、である。私は語学が好きなわけではないのだ。

「好きじゃなきゃ、覚えられないでしょ」

何をかいわんや、の表情で怒られる私。

「でも、好きじゃなくても〝手段〟として英語を覚える人だっているんだよ！」

教えを請う人間の態度ではない。今、気がつきました。すみません。

まあとにかく、やろうと決めたからにはすぐできることを全部やってみようと決心したのでした。

語学オタクの観察
私は思った
独学しているオタクの行動を今一度観察してみようと
へんてこな車で…
……へんてこ？
くりっ
え？変とか奇妙ってこと…
へんてこって何？
「てこ」って何だろー
ふーん
へんてこ…へん…
自分でもすぐ調べる
へんてこりん？

味わう
うーん ホントに 変な 言葉 だなぁ
そして
それは へんてこ だねー
使ってみる
本や雑誌は
↓フランス語
↓英語
例えば フリーマガジンなど あれば もらってくる
ほほーーう
この単語が こうだから こういう 意味なんだね
全部がわからなくても読む
それは…楽しいの？
楽しいよー こういうの楽しいと思わなきゃ勉強できないよ？
ボクは日本語もこうして覚えたんだから

でもさぁ
トニーが日本語
覚えたのは
20代でしょ?
私…もう
30も半ばを
過ぎて…
バタ…
んーボクは
何でみんな「老化」を
問題にするのか
よくわからない
ボクが思うに
大人はまちがうと
責任が生じるから
慎重になるけど
子供はまちがうのが
当たり前
だから
思いきったことが
できるんだよね
それを繰り返す
ことによって覚える
って気がする
確かに脳が
やわらかいことは
いいのかも知れないけど
ボクは脳の老化が
大きな問題とか
障害とは思ってないよ
そうなのかなー
まあ今から
スタートするしか
ないわけだから
悩んでも仕方ないけど

はっ
いいこと思いついた！
トニーが私に話しかける時日本語で言った後英語でも同じこと言ってくれればいいんじゃない？
大却下
できるかそんなこと
ムリか…エヘ♡
はっ
またいいこと思いついた!!
グラ
グラ
「脳の活性化」に効くといわれる「イチョウ葉茶」をいつも飲んでるお茶に混ぜる!!
サプリメント…!!
各種……!!
そんなことしてる間に勉強しなよ
方向性はともかく英語道は始まった!!

STEP 3

英会話スクール初体験！

さて、「英語のためにやれることを全部やろう」と固い決心をした私。そこから何をしたでしょうか。

答え、何もしていませんでした。ダメ人間。まったくのダメ人間。そんなことしてる間に、また一つ年をとってしまうというのに。

しかし！　そんなダメ感あふれる私に、ある日、救いの手が差し伸べられました。ちょうどいい仕事がやってきたのです。それは、

「英会話学校に体験入学して、ルポ漫画を描いてみませんか？」

というもの。

「描きまーす!!」

二つ返事で引き受け、いざ学校へ。この企画は雑誌の中で「ユニークスクール」と銘打っているだけに、特色のある学校が多い。

「米軍ハウスでのレッスン」「演劇を通して」「料理をしながら」「映画を使って」など、いろんなタイプがてんこ盛りだったのです。

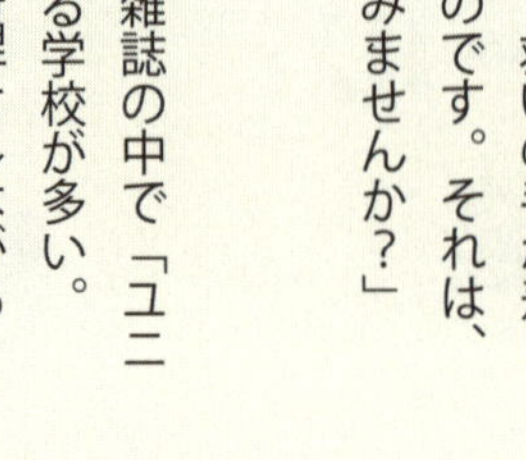

衝撃の発音矯正塾
それは奥まった住宅街の
年季の入ったアパートの一室で開かれていた
古いけれども整理されている室内
塾長は年配の女性
うちで舌の使い方を矯正すればネイティヴと同じ発音ができるんですよ
かなりフツーのオバさん的
まじでー!?
では まず「ペン」って感情こめて言ってみてください

無機物
ええ〜っ
かつ…感情!? ペンに感情って…生まれて初めて言われたんですけど…というか一体どんな感情を!?
えと…ペエ〜ン…
おそるおそる
もっと!!
えーい ままよ
ペエ〜〜ン〜
たとえば こうです
ペエ〜〜〜ン〜〜
今のばした音が母音です
それが言いたかったのか…

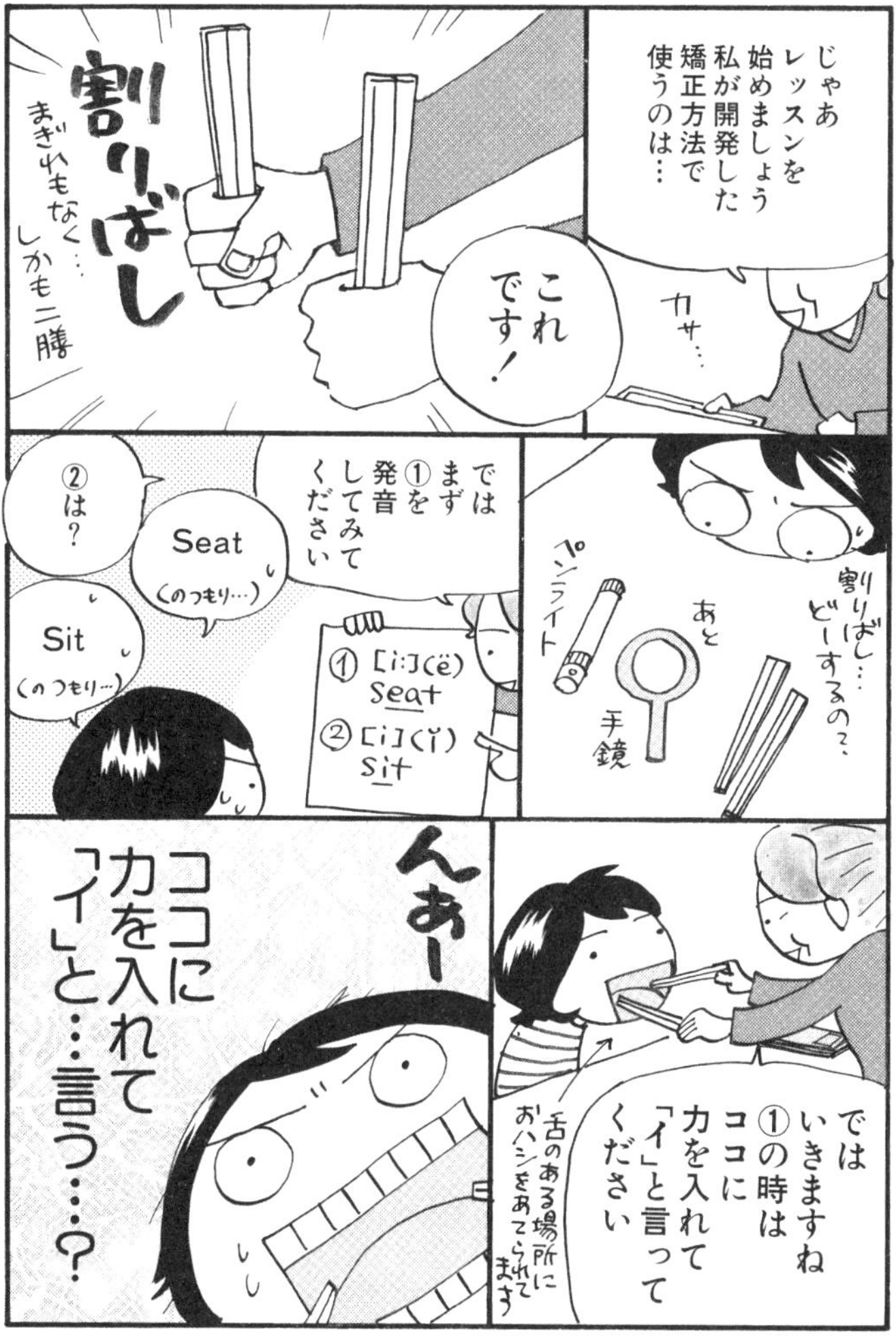
じゃあ
レッスンを
始めましょう
私が開発した
矯正方法で
使うのは…
カサ…
これです!
割りばし
まぎれもなく…
しかも二膳
割りばし…
どーするの?
ペンライト
あと
手鏡
ではまず①を発音してみてください
① [iː](ē) Seat
② [i](ĭ) Sit
Seat
(のつもり…)
②は?
Sit
(のつもり…)
ではいきますね
①の時は
ココに
力を入れて
「イ」と言って
ください
舌のある場所におハシをあてられてます
んあー
ココに
力を入れて
「イ」と…言う…?

ea
ea
ea
今の発音です
えーってネイティヴって口の中でこんなことしてんの!?
口の中を見る↓
②はココに力を入れて「イ」
はあ
また別の場所↓
しかし
ココに力を入れて…力を入れて…
イ
イ
それは「エ」です
とってもムツカしい
ホントにネイティヴと同じ発音なのか!?
それがホントなら大発見だと思うけど…ああトニーに確かめてもらいたい……っ
しかも決して安い金額ではない
入学金込みで最低25万円ほど
でも2ヶ月以内であれば発音できるようになるまで指導しますよ
追加料金ナシで

そっか…
良心的といえば
良心的…
ん？
塾長
マン・ツー・マンコース
期間 4ヶ月〜2年
費用 ¥5,000,000
塾長がつきっきりで
お教えします!
ご…ごひゃく
まんえん…!?
いち、じゅう、ひゃく、せん…
しかも自宅パソコンで
作製したっぽい手作り感
満載
ええ でも
受けられる方
いらっしゃい
ますよ
ご高齢
ですけど
これまでに
英会話に
5千万使った
とかで…
500万くらい
なら
安いもんだって。
ご…
ごせん
まんえん
それは
超ぜいたくな
趣味じゃないか…
うまくなる気も
ないのでは…

朝から一日必ず私が教えますし2年以上かかっても発音できるまで責任持って指導しますよ
そりゃそうでしょー500万払うんだもん…
……
この目の前でほほえむおばさんがいい人なのか悪い人なのか私には判別できなかった…
独自に英語の道を追求し確立している個人経営の学校(校長)はどんどん独自性が増していくんじゃないだろうか
視野
狭い狭い道へ…
それが自分に合えば素晴らしい力を発揮するしダメな人にはまったくダメということになっていると思います

鬼校長のスパルタ・レッスン

さて衝撃の学校を、もう一つ。ここは一軒の洋館まるごとが教室として使われている優雅な学校。

しかし！　経営者でもある、英国人の校長先生が厳しいことでも有名なのだ。しかも、この館(やかた)に一歩でも入ったらすべて英語で話さなければならないという、初心者としては、かーなーりー（フラットめの発音で）緊張せざるを得ない環境。

私もドキドキしていた。

というか仕事とはいえ、行くのはイヤだった。だって私、何が嫌いって、「怒鳴る男の人」くらい嫌いなもんはないんである。

しかし行きましたよ。そして、帰る頃には、「やっぱ無理！」と思う私がおりました。でもそれは「スパルタ方式」だけが理由ではなかったのです。

その授業は吹き抜けになっているリビングで行われ、パーティを

想定して、英語とともに立ち居振る舞いも身につけられる、というものでした。生徒は私以外に五～六名、校長と補助の先生二名がついて、パーティのときと同じように全員立って授業は行われます。

パーティ……。

恥ずかしがり屋な日本人にとっては苦手なイベント。

堂々としていたいところですが、英語も不得意だとくれば、控えめにしておくのが無難ではありませんか。「余計なことはしゃべらない」というのは日本人にとっては美徳ですしね。「そんでオレ、こう斬ったらあいつ、こうきやがってよぉー」なんてベラベラしゃべる武士、カッコよくないですもんね。

でもやっぱり、英語圏の人には許せないらしいのです、しゃべらない日本人。厳しい目で生徒を見渡しながら、校長は言います。

「パーティのとき、日本人は壁の前にズラ～っと並んでしまっている。それは本当にいけないことなんだよ！」

実際は英語なので細かいニュアンスはわかりませんが、とにかく怒っていることはビシビシと伝わってくる。

いくら先生でも、それを言っちゃあ……


先生として怒るのもわかるが、問題は続いて言った言葉。

「それは、〝ゴキブリ・アイデンティティ〟だ。〝ゴキブリ・アイデンティティ〟は捨てなければいけない」

んん？　今「ゴキブリ」って言った？　言ったよね。それはちょっとひどいんじゃない？

確かこの人、ちょっと前までは同じことを「忍者アイデンティティ」と言っていたはず。「忍者」は許そう。バカにしてる感じはそうないから。いや、あるのかな。

わかんないけど、とにかく「ゴキブリ」は明らかにダメ。だって私、「ゴキブリ」くらい嫌いなもんはないんである。そして多くの人もそうではないだろうか。もし校長が日本語を習って、日本語の先生に、

「あなたの身ぶり手ぶりは大きすぎて、死にかけのゴキブリみたい

よ。そのゴキブリ・アイデンティティ、捨てなさい」

と言われたら、どう感じるんだろう。やっぱり怒るでしょう。人にされてイヤなことは人にもしちゃダメって、お母さんに教わったはずだよ万国共通！　と私は思ったのだが、この学校、恐ろしいことに、

「校長が日本文化などに対して批判しても、言い返してはならない」

という規律があるのだ。なんでも、

「語学を学ぶための授業であって、文化衝突の場ではないから」

だそうである。

じゃ、校長を止めろ。と、私なら思うけど、ここは校長の王国。彼が王様だから、何でも許されるし、それがイヤなら「帰ってくれ」と言われるだけなのだ。

そもそも入学するときに、こういった禁止事項などが書かれた分厚い入学願書にサインをしなければならない。だから入ると決めたのなら、彼の攻撃的なジョークを素敵と思ってついていくしかない

のだ。まあそういう人しか、入ってないのでしょうね。

最初から「おや？」と思っていた私だったが、校長の日本批判はその後も随所に現れた（電車での酔っぱらいがみっともない、汚いなど。私もそうは思うけど）。

ここで討論になるのなら、主張する術が身につくとかまだ実りはあるが、規律のもとでは、ただ苦笑しつつ彼の怒りに耳を傾けるだけだ。感情的な人の話も聴き取れるようにはなるかもしれない、けれど。

プレッシャーにつぶされそうな恐怖の授業

それから「スパルタ」。これが学習に向いているのかどうか？という問題。

私の結論としては「向いてない」。

何か聞かれたら、すぐ答えなければ怒られる厳しい雰囲気。それが「話さなければならないプレッシャー」としてうまく作用すれば

話す力の向上になると思う。

　私が思うに、日本にいて英語がうまくならない理由の一つは「日常生活に必要ない」だと思うから。

　でも私のほかにいた生徒はけっこう長く通っている人ばかりで、一番長い人は三年だったのだが、とても自然に英語を話しているようには見えなかった。怒られないように、あせってあせって話してしまうのだ。その様子が不自然だといって、また怒られるという悲劇の悪循環。

　そして校長はときどき怒るだけ怒って、

「私が今言った言葉の意味、わかる？　みんなで考えて」

と言って部屋を出ていったりするのだが、みんなで話してみても、やっぱりわかってなかったりするのだ。二年はもちろん三年通っていても、である。

　だけど人間、緊張していたら実力を発揮できないものですから、当然といえば当然。学校から一歩出たら、もっと自然に楽しく英語を話しているのかもしれない。校長には見せてあげられないけど。

ちなみに、学校の外で会っても生徒同士の会話は英語、というのも決められておりますです。

しかし「スパルタ」というのが合っている人もいるだろうし、英国にくらべれば日本は劣るから、何を言われても仕方ないと思う人が通っているかもしれないので、私が口をはさむのも余計なお世話だが、どこかでもう一度この校長に会ったら、必ず、言おうと決めている。

「〝ゴキブリ〟とは言うな」と。

＊

ではここで、私が行ったちょっと変わったスクールを……。

ちょっと変わったスクール①
先生のお宅でレッスン
先生宅の最寄り駅で待ち合わせ
やってきた先生は
カジュアル〜〜
サンダル…
そしてスタッフの方
初回は必ずスタッフも一緒です
歩いて5分ほどの先生のお宅へ…その間に
Can you speak English ?
Have you been to London ?
レベルチェックをかねた雑談
レッスンは明るいリビングで
先生は手描きのカードを取り出し
What is this ?
物の名前を確認
Umbrella.
Good!
次に
What kind of pattern is this ?
Flower…?
Yes, This is floral.
次に
What shape is this ?
I don't know.
This is oval.

そして電車に
忘れ物したと
想定
忘れ物センターに
問いあわせる
という練習開始
Please
take a card.
カードが
見えないよう目かくし
ひいたのは
コレ
May I
help you ?
I lost
my hat.
What color
is it?
It's black
What kind of
pattern is it?
It's plain
Is this
yours ?
Yes! It's mine.
スムースに言えるよう
何回か繰り返して終了
It's my
glasses…
あ
They are
my glasses.
2つあるので
さて先生の希望を出せる
と聞いてちょっと質問
あのー
ハンサムとか巨乳
とかいう
リクエストは？
それは
受けつけて
ないですね
場所・性別・国籍
くらいだけです
だそう
です

ちょっと変わったスクール②
米軍ハウスでレッスン
このスクールは「米軍ハウス」内の個人のお宅にうかがいますなので
パスポートか免許証をお持ちください
テロ以降必要なんです
最初から非日常です
敷地入り口
見てる？見てる？
係の人今日は日本人
一生けんめい免許証をヒラヒラさせている
意外とあっさり中へ…
中はまさにアメリカの住宅地
芝生
ただならぬゆとり
その中の一軒
今日の先生のお宅へ
Nice to meet you!
部屋もとってもアメリカーン
思いっきり日本語本当は先生に会ったら全部英語です

教材は
その方に合わせて
様々ですが
まずヒアリングを
やることが
多いですね
日本人の弱点なので
その他
ボキャブラリーを
増やす授業や
フリーディスカッション
など何でも…
有名大学の
英語学習者用テキストから
小学校6年生の教科書まで
例えばヒアリングは
グッモーニン！
ウエアウデューライク
トゥゴー？
グッモーニン
ホエア…
ゴーだから
列車やタクシーなど
いろんな場面の絵
テープの
音声のみを
聞いて
どの場面か
答えるもの
耳だけだと
むつかしい…
ヒアリングだけは
テープでしたが
ほかはもちろん
先生が
すべて英語で
レッスン
敷地内には
ピザ屋さんなどもあって
英語で
注文する
練習も
できそう…
アメリカの
雰囲気に
慣れるには
いい環境
ですね！

ちょっと変わったスクール③
クッキングでレッスン
…といってもシェフではなく英語の先生が簡単な料理をするんですよ
スタッフ
教室には女性がみっちり
まず英語で全員自己紹介してから
Let's study! Today's menu is rock cakes.
レシピ
先生のデモンストレーション
How much flour do we need ?
225g
It's stuck! I can't open it!
こんな時も
助けあいつつ
1 egg lightly beaten…
What does "lightly beaten" mean ?
"lightly beaten" means… "Mixed".
シャカシャカ
先生の生地ができたら生徒も作ります
これ全部入れてまいます一？
バターもう少し小さい方がええかなぁ
めちゃ日本語というか関西弁

焼くのは隣の教室に運んだオーブンで
エプロンはつけてもつけなくても
先生もナシ
そして焼きあがり…
Let's eat!
Spicy!
おいしー
Not bad!
ホカホカ
食べつつトークタイム
Tell me a
1 happy
2 recent
3 funny
story
え〜〜っ
P…Please give me a time…
First, I'll tell you a funny story.
"今"って"now"やんなぁ?
超初心者でも大丈夫
Did you take a holiday ?
先生が助け舟を出してくれます
次は
sushi work Japan
karaoke canada Brad pitt
sports Music Soccer
×チームと◎チームにわかれ、書かれた単語を使って一つの文を作りそれを3マス並べれば勝ちという陣取りゲーム
I like playing sports.
OK!
これで◎チームの勝ち
和気あいあいとレッスン終了
It was my first time to make this!
あはは
雰囲気も和やか
簡単な英語でできるので初心者にピッタリですね

ちょっと変わったスクール④
劇を演じながらレッスン
先生は日本でも映画などに出ている俳優さん
まずは輪になってエクササイズ
What did you do over the holidays ?
生徒は7名
I was jogging.
ジョギングのジェスチャー
Jogging~!
みんなも
Study English!
エクササイズだけ私も参加
どんどんつなげてゆく
Jogging!
Study English!
Dancing!
深呼吸の後台本の読み合わせを一度してから
台本
スクールのオリジナル
舞台のセットのように机を移動
お話はショー上演直前の楽屋でのドタバタ劇

There's nothing to worry about.
台本は見てますが皆さん堂々とハキハキ演技
Relax and take a deep breath.
Please get in between these two people.
時々先生の指導
Just…
時々メガネ
In this case, "Just" means "Only" "これしかない".
ここだけ日本語
Put some feeling into it
そこLindaじゃない？
あっごめーん
生徒も時々日本語
先生はさすが変幻自在
怒ったりはしない
singi～ng
whisper whisper
演劇で覚える利点は？
体を動かして感情移入することで覚えられるんです
すべてのパートを全員がやってみてからキャスティングするので反復練習もできるし…
スタッフ
それにセリフは相手の目を見て話すでしょ？例えば…
劇中のセリフ
"Well, just look at it"
目を見るのはコミュニケーションに大切！
鏡
机に向かっての勉強が苦手な人にはいいかも

ちょっと変わったスクール⑤
映画を使ったレッスン
このスクールには他にもコースがありますが映画を使った授業は一番人気だとか
バイリンガルの外国人と日本人の二人で教えます
まず最初に部屋が暗くなり英語の字幕付きでワンシーン見る
超満席
字幕コピー→
照明がついたら簡単にストーリー紹介
結婚サギ師がうまく結婚した上で離婚して家をもらったんですねー
はい じゃあ"離婚して家をもらった"どう言いますかー
いきなり授業開始
田中さーん
山本さーん
わかりませーん
わからなくても怒られるわけではない
次々と当てられてゆき…
I got the house in the divorce.
正解でーーす

先生が改めて正解の文を発表少し説明を加えつつ白板に書いていく
では〝離婚したら家がもらえる〟は？鈴木さーん
どんどん進む
I got the hou
in
I can get the house in a divorce.
正解でーす
受験英語だと
If I divorce my husband…
なんていうけど
これは不自然
そうネイティヴはそんなふうに言いません
あとこの「the」と「a」の違いはわかりますか？
I got the house in the divorce.
I can get the house in a divorce.
注 この先生はオーストラリア出身 アメリカでは If I divorce my husband も使うようです…
※答えは離婚が決まっているかいないかの違い
こうしてネイティヴの言いまわしを覚える
このセリフは〝途中で飲み物を買った〟だけど
じゃあ〝帰りにお豆腐買ってきて〟は？
高木さーん
〝buy〟なんてほとんど使わないよー
4才児レベルだよー
ノートびっちりとりました
とにかくすごい情報量！
ホント授業って感じ…
忘れないように使う場を作れば自然な会話ができるかも…

いろいろスクールはありますが……

で、結局。いろんな学校に行ってみて、どんな学校がよかったのか？　この時点で私が、これならやってみようか、と思ったのは「マン・ツー・マン」の授業だった。

ただこれはもちろん、どんな先生に教わるか？　というのが大きい。「マン・ツー・マン」のレッスンは三人の先生に受けたけど、一番いいと思ったのは、私が言った英語を全部正しく言い直してくれた先生。

これを覚えていけば、自分の言いたいことを言えるようになっていくんじゃないかな、と、そんな予感。予感だけね、しました。

それから基本だと思いますが、自分の興味あることを選ぶこと。私は一度「ビジネス英会話」を選んでしまい、大変つらい思いをいたしました。

覚える必要もない、常識もない、興味もないという「三ないレッ

スン」。またそんなふうに名づける必要もない、ないない地獄。いいこともまったくナッシング。

でもこのときには、まだレッスンを申し込む、という決断ができなかった。「マン・ツー・マン」レッスンは最近安くなってきて一時間三〇〇〇円のところもありますが、週一回一時間のレッスンではそんなに上達するとも思えない。でも週に二回受けるとすると、月二万四〇〇〇円。

それでも、週に二時間……。と思うと、ふんぎりがつかなかったのです。学校に入ったら、本当の本当に勉強を始めないといけない。そのハードルを越える勇気が、まだなかった、というのもあるかもしれません。

私のレベルは「中級」だ、そうです

これだけ学校を体験したのに結局どこにも入ってないのだが、いろんな学校をまわったことは私にとって意味のあることだった。

一つは、レベルチェックをしてもらえたこと。

トニーから「三歳児認定」を受けた私だけど、英会話学校の中でどれくらいの位置なのか、を知りたかったのです。

チェックの仕方は学校によってちがいますが、ネイティヴの先生と話してその先生が決めるか、ネイティヴが話しているテープを聴いて、内容が聴き取れるかどうか見るということがほとんど。

たとえばテープの聴き取りの場合はいくつかの単語が拾えたので、内容が推測できた。で、答えたら「聴き取れてますね。中級です」という結果が。

内容が簡単だったからだと思うんだけど、一緒にいた編集者は半分しか聴き取れなかったそうなので、

「私、こんなでもひょっとして……中級？」

しかし逆の落とし穴もあった。

それまでトニー周辺から聞こえている英語を耳にしてはいたけど、自分ではほとんど話したことがなかった。

英語を話すこと自体に慣れていなかったのだ。それが自分でしゃ

べってみて、「文法から単語から、本当にわからん」という状態だとわかった。

だから、先生と話してレベルチェックされる場合、先生の話すことはだいたいわかっても、「have」が使えないくらい話すほうが伴っていないので「初心者上級」の判定を受けることも多かった。

自分がどれくらい話せないか、というのも痛感したのであった。

そしてその後、聴き取りだって大したことなかったというのも実感するのであるが……。

そしてもう一つ、自分の描いたルポ漫画が載った雑誌を読んだことも大きかった。

これは季刊で、英語の勉強の仕方がいっぱい載っていたので、そこで教材の情報などをたくさん知ることができたのです。で、一番てっとり早くできる方法として最初に選んだのは、本でした。

STEP 4

英語の本を読んでみた！

英語を勉強するために、本を買ってみよう。

そう思ったのは、本だったら自分の好きなときに読めるし、やめたければそっと本を閉じてしまえばいい、というこの期に及んで、まだ腹のすわっていない軟弱な理由によるものであった。

武士ならもう死んでいる。危険だ。早く本を買わねば。しかし待て待て。よーく本棚を見てみろ。買っただけで話せる気になって、結局、最後まで読んでない本が並んでるんじゃないのか?

ええ、その通りです。これまでにも、たまーに、「これならできそうかも……」と思う本を買ったりはしていたのです。

コマ切れに英語と日本語を覚える本

たとえば『サブリミナル英会話』（角田實・講談社文庫）という本。

これは、日本語で書かれた英会話に関するエッセイなんですが、単語や熟語の後にカッコ書きで英語が挟（はさ）み込まれているのです。

たとえば、こんな感じ。

前もってお断りしておきますが（I assert positively that〜）、英語を母国語としない国民（non-native speakers of English）は、英語を母国語としている国民（native speakers）の、知的な英語領域に絶対（absolutely）到達できないことになっています。

つまり、エッセイを読みながら、カッコ内の英語も読めば知らず知らずのうちに英単語が身につく、というしくみ。いや、しくみと

いうか、予定というか。

で、これはいいぞと思って買ってみたわけです。そして半分くらいは読んだのですが……どうも日本語と英語をコマ切れに読む、というのは疲れますね。集中力が続かないというか。

それから、結局日本語で何が書いてあったのかもつかみにくい。だから相当おもしろいことが書いてないと、先に読み進めようとするパワーにつながりにくいなあ、と思いました。でも少しでも単語や熟語は覚えられそうなので、電車に乗ったときなどには、ときどき開いてます（何度も何度も同じ場所を読んだりしてますが）。

絵で見る英語の本

そのほかに、昔、姉がくれた、

『ENGLISH Through Pictures Book 1』（洋販出版）という本。

私の姉は、これまた昔にアメリカにホームステイをした経験があり、日本でも自分で勉強などして一応英語が話せるのですが、その

姉が、

「日本語で思考しながら英語を覚えるんじゃなくて、絵を使って、英語でものをとらえるようにする勉強法があるんだよ。その本が、これ」

と言って、くれたものです。

これはかなりロングセラーの本で、初版が一九四五年らしいのですが、今でも売っていて、各国語版も出ています。

「絵で見る英語」というのがコンセプトで、**絵と英語しか出てきません。**とても簡単な単語から、それを概念として身につけて応用できるようになっています。

で、この本はもらったときに「なるほど」と思ったので、ずーっと持っています。

だいたい五年に一回くらい開いてみるんですが、せっかちな私は「こんな簡単なとこからやっていて、いつになったら話せるのか」と思ってしまい、また本を閉じてしまうのです。

でも、この本はいい本だと思います。なのでこれから、この本は

It is there.
It is here.
『ENGLISH Through Pictures Book 1』は
こんな感じ。

最後まで必ず目を通す所存です。

あと、トニーのすすめで買った、対訳のついた、スヌーピーの漫画『A PEANUTS BOOK featuring SNOOPY』（チャールズ・M・シュルツ他　角川書店）。買ってから二ページくらいしか読んでません。これも、これから読もうと思います。

運命の教材に出会ったかも！

次に選んだのは『DUO』（鈴木陽一　ICP）という本。

単語や熟語を覚えるのには、一つひとつをバラバラに覚えていくより例文を作ったほうがイメージしやすく、覚えやすいといわれている。しかし、単語一語につき一例文を覚えていたのでは効率が悪い。

ということでこの著者は、なるべく単語をだぶらせずに、たくさん盛り込んだ文章を作ることを思いついたのですね。

この本に載っている五六〇本の英文を覚えると、単語一五七二語

と熟語九九七語を覚えられる、というわけなのです。

これは受験勉強やＴＯＥＩＣのために作られた教材っぽいのですが、現代英語の重要単語を選んでいるというところが私にも好都合。単語を一つでも多く覚えたいのはやまやまだけど、よく出てくるものから覚えないと効率が悪いわけで。「これだ！」と思い、始めました。

私はテストを受けるわけではないから、つづりのほうは気にせず、とにかく日本文を見て言えるようにするのみ。一日一文を覚えていけば、一年で半分以上は覚えられるではないか！

それだけ覚えられれば、かなり意思表示できるはず。すごい。とらぬ狸(たぬき)をいっぱい抱えてページを開いたのでした。

最初の文はこれです。

We must respect the will of the individual.
個人の意志は尊重しなければいけない。

よい文ではないですか！　この一つの文で、「respect」「will」ってときどき聞いてたけど、個人って意味だったんですね。「individual」ってすぐ覚えられました。しかし、ほかの二つは知っていた単語だけあって、すぐ覚えられました。

で、つぎつぎ〜って感じで五本くらい、いっぺんに覚えまして。乾いた砂漠に水がしみこむがごとく、というような感じでしょうか。今までの英語のストックがない分、脳に隙間（すきま）があるのかな、ってくらいですね。順調に覚えました。

次の日は、前日の復習をして、新しいのを覚える。この頃、仕事も休みがないくらい忙しかったのですが、漫画って作りだす作業なので、何も考えず暗記するという作業がラクに感じたというのもあったのです。

よい気分転換になった、というか。

出力したら、入力したい、というか。

それから覚えた単語を映画や新聞で目にしたので、「本当にボキャブラリーが増えた」という実感がわいたのもよかった。それに便

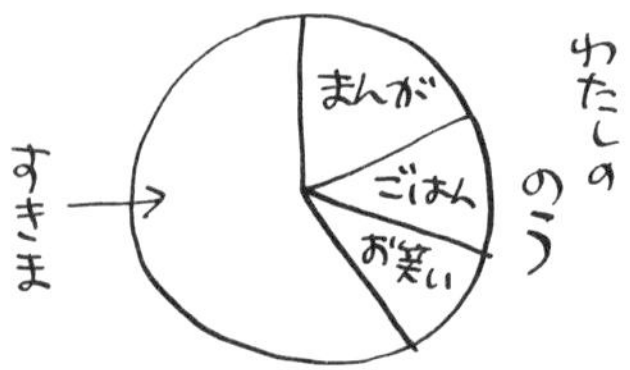

利な言葉も覚えられました。

私がよく使うのが、「be familiar with～」という熟語で、これは「～をよく知っている（詳しい）」という意味なんですが、私の場合、「～について詳しくない」という否定するときに使います。

これが、外国人と話すとき、言う機会が結構あるんですね。つまり「自分って、日本のこと全然知らないなあ」という事実にも直面するわけですが。

I'm not familiar with Kabuki.
あんまり歌舞伎のこと知らないんだよね……。

あと「take a look」（見る）、「increase」（増す）、「afford」（余裕がある）などなど、いろんなところでよく耳にする言葉を覚えられました。

ただ、たまにトニーの前で覚えた文章を自慢げに言ったりしていましたが、ときどき、

Do you know Stephen King?
Yes, I know him. But I'm not familiar with his work.
とも使えるらしい

「ちょっと不自然だね。こういう場合、その単語は使わないと思う」

と言われることもありました。単語が重複しないように、やや無理な作り方もしているのかもしれません。

あと、難点は文章の難易度がバラバラなこと。

「安売りをしていると、いつも衝動買いしてしまうたちです」

という文の次のページに、

「予期していた通り、失業率は三四半期連続で上昇した」

なんていう文章が載っています。

むずかしいところは飛ばしていけばいいのだけど、それだといくつ覚えたのかわからなくなってくるし。

と、いいわけを書き始めたところで、みなさんの予期していた通り、いつしかページを開かなくなっていたのです。

結局、どのくらいの日数続けたんだろう。

四〇文くらいは覚えたのですが、やはり言い続けたり使い続けないと、どんどん忘れていきます。「体得」までいっている単語はご

最近、
377本に
厳選した
本がでた…
DUO
セレクト
鈴木陽一
うう…

く少数ですから。

私の砂漠、ものすごくちっちゃかったのね……。

私は二ヵ月坊主

で、この辺で気づいたんですが、私、自分が思っていたよりだいぶ飽きっぽい。そのようなんですね。

三日坊主ではないけど、だいたい二ヵ月くらいでやめてしまうんではないだろうか。

つまり二ヵ月坊主。どうしたらいいのか。

でもまだ、覚悟が足りないのかもしれないな。

「移住したら、ずっとこの言葉を使うんだから」

と思うと、少しフンドシを締め直される感じはするのですが、いかんせん「まだ遠い」感もあって。

さてしかし、うちにはもう一つ、とてもよい読み物が届けられております。それは「週刊ST」（ジャパンタイムズ）という英語学習者のための新聞。これにトニーが連載していたので、なんと毎号、うちに届けられたのです。

この新聞、いろんなニュースが記事として載っていて、ところどころの単語訳が欄外に載っているという英語学習者にはうってつけのもの。さらにサイトもあって、こちらは音声まで流れます。

トニーに「これ、勉強にとてもいいじゃない。読むといいよ」と毎号渡されたのですが、英語の長い文章を読むのに慣れてない私は、英語がビッチリ並んだ誌面を眺めるだけで、

「う……」

と脳みそが固まってしまったのです。

でも読まねばならぬ。そりゃそうです。

なので、全部読むのはきついけど、漫画関係（四コマ二つと一コマ。一コマはＺＩＧＧＹというキャラクター。昔、これのペンケースを持っていた。懐かしい……）、今週の有名人の発言、映画のシナリオ対訳、簡単な会話例を中心に、少しだけでも必ず、目を通すことにしました。

でも、たくさんの量を読むのは本当に疲れる。二行くらい読むともう脳みそがピキーッとなって閉じてくる感じ。目と脳みそが直結してない気がする。遠い。咀嚼（そしゃく）しないと理解できないのだ。

しかし。

読み始めなければ、読み慣れる日なんて来ない。

だから読むしかないのだ。脳みそをピキピキさせてがんばるのだ。

もともと新聞休刊日はがっくりしてヒザの皿が割れるくらい、新聞大好き！　なワタクシ。そんな自分を信じて続けてみよう。

そして、ときどきはサイトも見てみようと思ったのでした。

英語教育と私
私はいまだに高校の時使っていた
文法の教科書を持っています
UNICORN
ENGLISH COMPOSITION IIC
卒業する時に
この辺りはいつか役立つ時がくるかも知れない
と思ってとっておいたのです
UNICORN
地図帳
世界史年表
生物
ということは昔は私も「いつか英語をやろう」と思っていたというわけだ…
いつから英語に否定的な私に…？
ま、とにかく
今がその役立つ時だ!!

十何年かぶりに
教科書を
開いてみました
書きこみなど
勉強のあとはあるのに
My teacher tra
through Africa
around
Her father th
in America
驚くほど
記憶が
ない…
しかし驚いたのは
それだけではない
載っている例文が
今は女性たちが、
スカートのかわりに
ジーンズをはく
時代です。
ふっ…
ふるっ!!
何時代だ
話し合う友だちが
たくさんいれば、
私たちは幸せに
感じるだろう。
ふ…
不自然!!

最後の方に
載っているイラスト
いない
こんな人!!
シン
デレラ
!!
dress
jacket
ふるえる描線
一九八〇年代って…
こんな!?
「昭和」って
こんなだっけ!?
「戦後」のにおいがする…
奥付は
昭和57年
驚愕しつつ
ペラペラ
めくっていると…
Lesson11 ―57
のもようを自由
私はめんぼ。きらわれ者にも仁義はあります。
※めんぼ＝
ものもらい
な…なに
このラクガキ!!
私の字なんだけど

めんぼで嫌われ者…
私ってそんなだった!?
でも仁義は通すという
イヤイヤ楽しい毎日だったよ
と読み進めるとまた…
たっ退学!?
消してある →
退学
退学
of the city.
イヤイヤイヤ考えたこともなかったはず
楽しくて
意味不明…これが思春期!?
ほかに
ガッ!
というのもあった。
謎…。
UNICORN
私が驚いた問題
4.次の川柳の内容を英語で説明しなさい。
これ小判
たったひと晩
いてくれろ
「Hey, coin」?
「くれろ」は…
「くれろ」はどうやって…!?

大学の時の教科書
ROALD DAHLの小説も
残っていました。
ROALD DAHL
THE TWITS
Illustrations by Quentin Blake
絵が面白くて模写魂をくすぐる
中はラクガキだらけ
それでも…
最後まで訳した形跡があるけど…
ウソでしょ これ全部読んだって
ストーリーの思い出は白紙
しかし こんな私でも 英語の成績は 悪くなかったのです
それでも 英語ができない… そこに今の 英語教育の問題が あるのでは…？
外国人で
大学で2年くらい 日本語 勉強したよー
っていう人
8年やった 私の英語より 話せてるん だけど…
単にやる気の問題って、

話題の本も読んでみました

楽しくて
わかりやすい!
売れるはずです
世界一簡単な英語の本

ビッグ・ファット・キャットの
世界一簡単な英語の本
(向山淳子・向山貴彦著/幻冬舎)

快読100万語!
ペーパーバックへの道
読んでる間は
すぐにでも始めたい!
って感じ
でも辞書使っても
いいんじゃ
ないかな?

快読100万語!
ペーパーバックへの道
(酒井邦秀著/ちくま学芸文庫)

自分の感覚が
どうまちがっているか
すごくよくわかります
英語と仲直り
できる本

英語と仲直りできる本
(デビッド・バーカー著/アルク)

STEP 5 ネットで勉強してみた!

さて、インターネット。

これは、気が遠くなるほど広大な砂漠をさまよう旅人には、心強い味方ですね。砂漠っていうのは、英語の世界なんですけど。あーこんなたとえとかはいらないでしょうか。砂漠じゃなくて密林か。たぶん、どっちでもいいですね、とにかく単独行動の者にとって、ネットは頼みの綱的存在である、というのはまちがいありません。

「TOEIC930点！」といった驚異的な先人たちのアドバイスやレベルチェック、英語学習に役立つ本、または役立たない本などの情報があふれんばかり。これで友達いなくてもね、もう大丈夫。

英語タウンで小テスト！

まず最初にいったのが「英語タウン.com」というサイト。

http://www.eigotown.com/

英語学習に関する情報がつまったサイトで、その中にある「5分間デイリーレッスン」は簡単な小テストみたいなつくりで、気軽にできるのがとてもいい。しかも平日は毎日更新。がんばっている。

しかしこのテスト、「TOEIC450点をめざす」「TOEIC600点をめざす」「TOEIC730点をめざす」など、いろんなレベルに分かれているのだが、たまに「450点」が一番むずかしいときがある。なんでだ。というか「730点」が、えらく簡単なときがあるのだ。こんなことやってて本当に「730点」めざせるの？　という疑問がわく。私はTOEIC受けるつもりがないからいいんだけど。

形式は日によって、穴埋(あなう)めだったり正しい語順に並べたりといろ

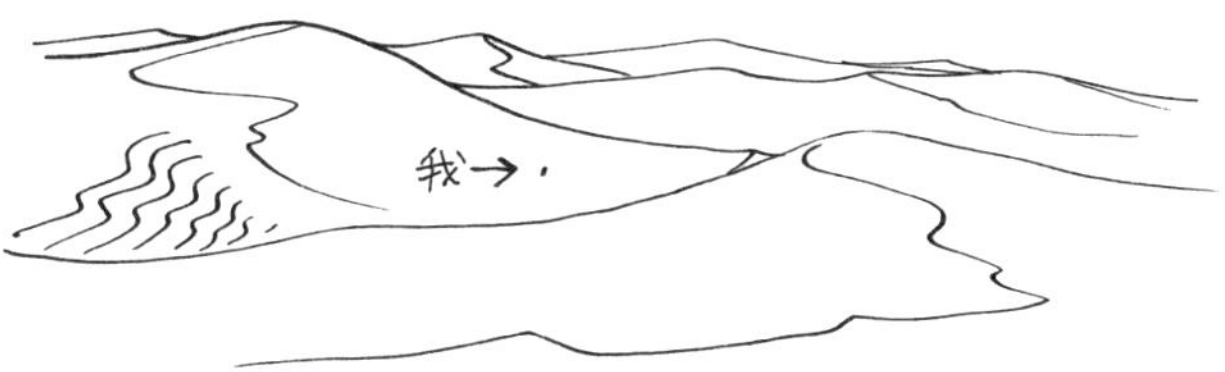

いろ。で、「語順」のテストは最初、「全然わかんない」と思いながらやっていたんだけど、何回かやるうちに「なんとなくこんな感じがしっくりくる」と思える文が増えてきた。

「あー、これが習うより慣れろってやつ？」

と驚いた。しかし次にいくのに間が空いたりして、簡単に忘れたりもするのだった。

無料で毎日英単語レッスン！

次に試したのが、「hungry for words.com」。

http://www.hungryforwords.com/

これは、自分が興味ある分野を四つまで登録しておくと、平日は毎日、単語が一つずつメールで届けられるしくみ。

「今日の単語」をクリックすると別ページで開き、発音も聞ける。

たとえば、こんな感じ。

単語 : **windbag**

定義(名詞) : おしゃべり好きな人

発音 : WIHND. BAEG

例文 : This windbag keeps on talking about nothing. I wish he was a punching bag instead.

翻訳

単語 : おしゃべり

例文 : このおしゃべりは、つまらないことを話し続けているわ、サンドバッグだったら良かったのに。

例文の発音も聞けるようになっているし、「前日の単語」「前々日の単語」まで復習として載っていて、三日連続同じ単語をかみしめることができるのも、いい心配りだと思う。

単語は簡単なものが多い。でも例文が参考になるなあと思って読んでいた。ほかに「今日の熟語」も載っていていいのだが、毎日読んでちゃんと覚えていこうと思うと、一回分を読むのに時間がかかる。しかも私は欲張って限度いっぱいの四つを頼んでいたので、毎日バンバン、メールが届く。

さあ、ここからいいわけに入りますよー。その頃、連載も大変でなかなか時間がとれず、ねえ、メールがどんどんたまり……。

もうおわかりですね。ええ、やめました。

でもメールを見ないで捨てることができなくて、今も二〇〇通ほど、私のメールリーダーには単語メールがたまっております。ちょぼちょぼと、見ています。

もう一つ、これを読むのに時間がかかったのは、「立ち上がるのが遅い」という問題があった。これは私のパソコンのせいかと思っ

ていたが、どうもそうではなかったようだ。

サクサクと進めるにこしたことはございませんものね。

私は時間のかかる音声部分は立ち上げず、「前日の単語」「前々日の単語」「今日の熟語」といった、テキストだけを中心に読んでいた。それでも時間かかってやめたんですけど。

これから始める人は、はやる心を抑えつつ、一つからをおすすめします。欲張ったらあかん。うちの母も、よくそう言ってました。

ゴロ合わせで覚える「ユニーク・イングリッシュ」

「メールで単語」は挫折（ざせつ）しましたが、やっぱり最初は単語を覚えることから始めないと。

こう思っていたところで見つけたのが「UNIQUE ENGLISH」。

これは「ゴロ合わせ」で単語を覚える！　という主張がメインのサイト。「ゴロ合わせ」といえば私も腕に覚えが、なんていうほどのものではないんですが、どうしても覚えにくい単語はゴロを合わ

結婚式に出たスープにウズラのゆで卵がしずんでてすっごく!!食べたかったけど花嫁だからガマンしたの
ものすごくウズラのゆで卵が好きらしい
という話だけが記憶にある

せているのでした。たとえば、

assemble=組み立てる↓　組み立てられずにアセンブル

aim=狙う↓　詠美（エイミ）が狙う獲物

すみません。本当にすみません。詠美の名字は山田を想定していました。すみません。スナイパーな感じを思い浮かべてました。いやもう本当にすみません、好きです、詠美さん。しかも覚えられました。ありがとうございます。

と、仁義（じんぎ）を通したところで、速（すみ）やかにこのサイトに載っているゴロにうつりますが、なんとその数五〇〇以上。こんなに作るのは相当大変だったはず。早速見てみると、

significant=重要な↓　重要な　書類がぬれた　すぐに拭かんと

そう、この方の作るゴロは「五七五」なんですね。こういう普通のもあるんですけど、次のは、

injury=負傷↓　犬じゃれて　飼い主噛(か)んで　負傷させ

危ない！　でもわかりやすい。が、そんな単語ばっかりではないんです。

distribute=分配する↓　this鳥ビューと　戻ってえさを　分配す

なんかあの、英語交じってるんですけど。さらに、

ancestor=先祖　↓安静スター　先祖を拝(おが)み　命乞い

＊安静スター=重体の映画スター

って、すごく思いきった注釈。というか覚えることがだいぶ増え

まだまだある　この本のすごいゴロ①

alternative＝二者択一

all田の千葉　都市化か田舎の　二者択一

（オ…オルタナティヴが）

ている。そして次もすごい。

establish＝設立する↓　え？　スター（の）振りし　設立するの？
　　　　　　　　　　　プロダクション　＊詐欺師（さぎし）

もうハテナは入るわ、（の）は入れ込んであるわ、「＊詐欺師」って。と言いつつもね、意外とインパクトのおかげで覚えられる気もしますね。もうこの一連の単語、私覚えましたもん。最後にあと二つ。

identity＝同一性↓　ああ遺伝　乳　母と同一　Aカップ

セクハラ。

awful＝ひどい↓　ひどいこと　されて尾をふる　すごい犬

M犬。

まだまだある　この本のすごいゴロ②

anxiety＝心配

心配だ　安西あっちで　暴走中

（誰）

私は全部見たわけではないので、もっとおもしろいものもあるかもしれません。今はサイトが見られなくなっているようなので、アドレスをお伝えできませんが、本も出ています。『入試英単語2000　驚異の五・七・五記憶術』（小堀善久・ロングセラーズ刊）。自分に合うと思われた方はどうぞ。

このサイトはほかにも語源や学習法についてなど読み物も多くて、英語で書くフォーム（遅刻届など）見本もそろっていたり充実していたので、復活するといいなあと思っています。

solid＝充実↓　電話くれ？　そりどころじゃない　充実して

＊大学のために始めた一人暮らしのところに親から連絡があって

ということで、私も五七五で作ってみました。ムリクリなのを。

まだまだある　この本のすごいゴロ③

poison＝毒

一般に　毒ある女は　色っぽいぞ〜ン

ぞ〜ン!!

覚えた単語はココでチェック！

さて、こうして単語を覚えていくと、ときどきはその成果を試してみたくなるもの。

そんなときは「毎日コツコツe-Tango　http://www.etango.jp/web/」と「単語力　http://www.tangoriki.com/」にいきます。

少し形式はちがいますが、どちらも単語のテストが受けられるサイト。画面の切り替えに時間がかからないシンプルさも気に入ってます。どちらも、正解の表示された画面から辞書に飛んで、もっと詳しく知ることができるのもナイス思いやり。

さらにいいと思うのは、登録しないでフラリと立ち寄って使えるという点。

ユーザー登録すると使えるメニューもあるし、みんなでポイントを競うこともできるので、ライバルがいたほうが燃える！　という方には登録がおすすめですが、私は「できれば私がのぞいたことすらサイトに気づかれたくない派」なので、いかに一見さんに門戸が開かれているかも重要。その点でも、このサイトはちょっと飲みに入ったバーで素性を知られないまま出てこられる、といった趣。

　しかしここのユーザー登録はメールアドレスを入れるくらいなので、比較的気軽にできそうなんですけれどね。

TOEIC受験者、必須サイトかも！

　テスト形式といえば「Yahoo！Education／英単語センター1500問題集」も、ＴＯＥＩＣを受ける方にはいいかも。
http://edu.yahoo.co.jp/gambare/test/center1500/
「単語」も「文法」もできるのはもちろん、「単語」の中でも「最高頻出単語５００」「高頻出単語５００」「頻出単語５００」と分かれているので重点的にやりたいレベルを選べるのがいい。
　それにテストの採点後のフォローもただ合っているかどうかだけではなく、単語テストならすべての単語訳もあり、正解の単語の成

り立ち解説のような「ヒント」も書いてある。まちがいに気づいて直しやすいと思う。

しかし、こういう「全力で試験対策」という内容だと、「日常では使わない単語や文法」をやらなくてはいけなくなるので、私はあまりやってない。ただ「英語が話せる人」は「ＴＯＥＩＣでも点数が高い」ということに、うすうす気がついてきた。……遅い？

まだまだあります、使えるサイト！

さて、使えるサイトはまだまだあります。

次は「週刊ＳＴ」。これはＳＴＥＰ４でも書きましたが、ジャパンタイムズが発行している英語新聞「週刊ＳＴ」のオンライン版。かなり充実した内容です。

http://www.japantimes.co.jp/shukan-st/

トニーもコラムを連載していました。

うちには本物の新聞が来ているのですが、このオンライン版も新

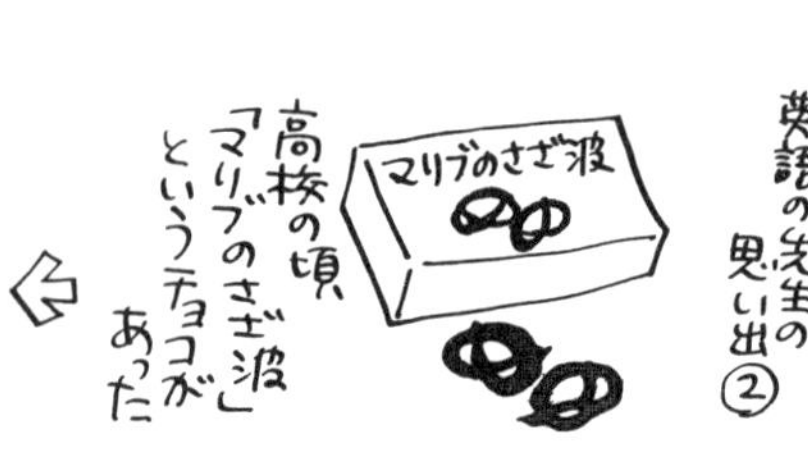

英語の先生の思い出②
マリブのさざ波
高校の頃「マリブのさざ波」というチョコがあった

聞発行とほぼ同時に、紙面のかなりの部分がサイトにアップされます。ちょっと心配になるくらい。

さらに新聞購読者なら音声を聞こうと思えば別売のＣＤを買わねばいけないのですが、オンラインだと音声も無料で聞くことができる。本当に大丈夫か!?

記事のほか、ＴＯＥＩＣミニテストやリンク集など、読者のアドレスも聞かないで大サービスしていいのかと思いながら利用しています。かなりいいです。

自分の最適学習法がわかる（？）サイト

同じく、めちゃくちゃ充実しているのが「アルク」という語学系出版社のサイト。http://www.alc.co.jp/

ここの出版社で仕事を始めたから言うわけではないけど、さすがにものすごくたくさんの機能や情報があって、すばらしい。

しかしコンテンツがありすぎて、どこから手をつけていいのかわ

からなかったので、レベル診断テストをやってみました。

まず単語力。

三〇問の四択問題を五分くらいで、となっているけど、これは目安なので時間はどれだけかかってもいいらしい。

早速スタート。最初は「careful」とか「necessary」とか、えらく簡単。これは楽勝……と思いつつ進んでいくと途中からいきなり「rebuke」「curfew」なんて見たこともない単語ばかりが出現。

笑顔が優しい村の娘っこ……しかしその首が反転すると、裏には恐ろしい化け物の顔が現れた！　そんな裏切られ感。

ちなみに「curfew」の四択は、

A）骨董品
B）万能薬
C）夜間外出禁止令
D）強盗

支離滅裂なことになっている。しかもどれなのかまったくわから

ない。こんなことでは海外で「curfewよ！」と言われて「ほほう、これがルネッサンス時代の」とその辺の家具を見ていたら強盗がやってきて「Hold up !」という危険性も否定できない。ピンチ。

ん？　しかしよく見ると「夜間外出禁止令」と「強盗」、この二つだけ意味が近い。これは……この二つのどっちかでは？　ええい、「夜間外出禁止令」でいこ！

……で、採点してみたら正解だったのである。私はこうして学生時代のテストも乗り切ってきた。**脳みそが白銀のゲレンデなのも仕方あるまい。**

さて単語力のレベル診断結果は「中級」でした。「たいていの会話は理解できるといわれる基本的な単語三〇〇〇語は身についている」らしい。

これからのおすすめ学習法としては、「単語を関連づけながら覚える」「語源で覚える」「声に出して覚える」「知っている単語も見直す」など。

おすすめ教材は、通信教育の「ボキャビルマラソン」「ヒアリン

グマラソン」「リピーティングマラソン」「TOEIC650点突破マラソン」「TOEIC730点突破マラソン」……ってどんだけ走らす気ですか！　読んでるだけで息苦しい。ふう。

次はイディオム。これは四択の二〇問を一〇分間で。単語力が「中級」だったから、こっちもいけるかと思いきや、最初の何問かはわかったものの、すぐに化け物の顔が私を……。泣きながらやっていくと、最後のほうに、こんな問題が。

Dan's spilled the（　　）again. He told Janet our secret.

A）milk
B）paint
C）beans
D）peas

おう、これは中学で必ず覚える、ことわざ「覆水盆に返らず」では!?　それの応用なのでは!?　確か、crying over spilled milk……みたいな。ことわざの応用って自分でもよくわからないけど、もう

注ヒアリングマラソンといっても
実際走るわけではないと思います

疲れたし「milk」にしちゃえ！　と選んでみたが、大ハズレでした。
正解は「beans」で、「spill the beans」とは「秘密をばらす」って意味だそうです。「milk」思いっきりひっかけ。ひっかかると心なしか頬(ほお)が赤らみますね、誰にも見られてなくても。それにしてもなぜ、豆。壮大(そうだい)な故事(こじ)がありそう。

トニーによると、この熟語は「秘密にしていたことを（先走って）公表する」という意味もあるそうだ。由来ははっきりしていないけれど、一説では「昔、豆を器(うつわ)に入れて投票する選挙をして、開票する前に豆がこぼれて結果がわかってしまうことがあったから」ということのようです。

と、豆の秘密はわかったものの、結局レベル診断結果は「初級」。やっぱりね。自分でもびっくりするほどバツばっかりでしたもん。

「基本的なイディオムがまだ不確かなようです」

……そうですよねえ。

「中学・高校で学習した２０００あまりのイディオムを確実に身につけましょう」

It is no use crying over spilled milk.
学生時代、なぜミルクなのかと思っていた

……ええ。おすすめ学習法は、

「辞書や参考書でcome, get, go, have, look, make, takeなどの代表的な意味をしっかり押さえてから、それらを含むイディオムを覚えましょう」。

で、す、よ、ねえ……。

でも、これらの単語は意味が多すぎるんですよーう。そのほか「at, by, for, in, onなどの意味と用法を押さえる」「イディオムは例文とともに覚える」「イディオムノートを作って、空き時間に何度も見る。短時間でも毎日ふれるほうが効果アップ」などの助言をいただく。

そしておすすめ教材は通信教育の「英会話コエダス」「ＴＯＥＩＣ超入門キット」「ＴＯＥＩＣ４７０点入門マラソン」……、あらっ、さっきより１８０点もさがってるんですけど。やっぱりこんなものでしょう、私の実力。

打ちひしがれつつも、「ＴＯＥＩＣ」って名前が出たから「ＴＯＥＩＣ必須単語テスト」でもやってみるかーと問題を開いてみたら、

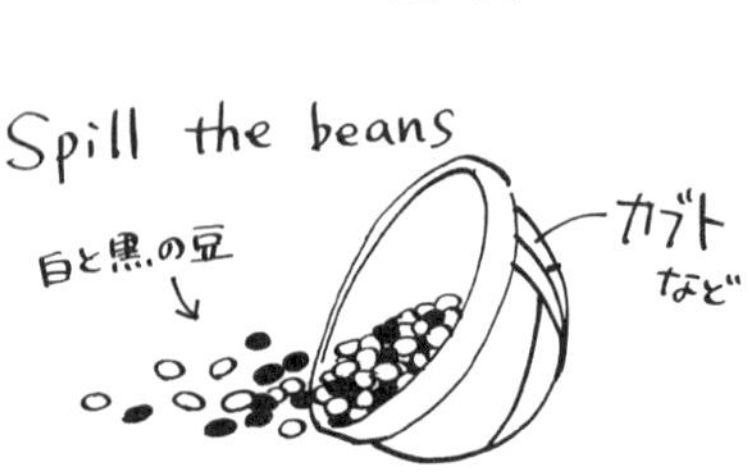

最初の単語が「ほのめかす」。

いきなりあきらめました。

前述の英語タウンのテストはこんなむずかしくなかったのにー。

やっぱりあそこのは簡単だったのか……。

しかし「ほのめかす」ってなんて言うのか気になったので、このサイト内で辞書を探したのですが、あったのは「ビジネス辞書」。

でも載ってるだろうと調べてみたら、なかった。ビジネスはほのめかさないのか。ほのめかすよね。

しかしほかに「語源辞典」があったり、「国際派就職」「翻訳・通訳」ではセミナーなどの告知があったり、もちろん勉強のためのコンテンツも毎日更新のものも数多く、全部見るには何年かかるのか、というくらいの情報量です。

楽しいしおもしろいし情報も満載だけど……。

次は「All about Japan」。

http://allabout.co.jp/study/

「英語の学び方・活かし方」「すぐに使える日常英話」「TOEIC・英語検定」など、目的ごとにサイトが分かれています。

私にピッタリなのは「英語の学び方・活かし方」……かと思いきや、意外と「TOEIC・英語検定」が、実践的に使えそうな情報やリンクが多いと思えます。

特にリンクが充実していて、真面目なものから笑える個人サイトまで、読み切れないほど紹介されてます。

で、体験談やバカ話などをモリモリ読んで、またそこのリンクから別のページに飛んでモリモリ……ということをやっていると、読んでるうちは「私もがんばるぞー」って思うんだけど、というか「もう半分できてる」くらいの気持ちになってるんだけど、読んでばかりいると本当の勉強時間が少なくなるばかりか、読み疲れて「まあ今日のところは寝とこか」とささやく悪魔がしのびこむから要注意。私はやられっぱなしです。

英語コラムがおもしろいサイト！

読みモノといえば、ＡＥＯＮがやっている「ペラペラ」の中のリーディング用コラムもおもしろい。

http://www.perapera.co.jp

このサイトはメールアドレスのみで登録できるので、ちょっとしてみました。「単語道場」など、ゲーム感覚のテストがあったりするので、若者にはよいかもしれない。しかし人間、三十路（みそじ）も半分を過ぎますと、ゲームであせったりするのはもうイヤです。

なので「リーディング道場」に逃げこみますと、コラムがたくさん用意されておりました。タイトルを読んでいくと「不思議なゴミおばさん」など、ついクリックしてみたいものがいくつも。

読んでみると日本在住の外国人が英語で（もちろんだが）書いたもので、日常のアレコレを取りあげているので、とても親しみやすい。堅苦しい文章を辞書を引き引き読み下したり、「to」と「for」

をまちがえて点数がもらえなかったりという毎日に疲れたら、いってみるといいかもしれません。

内容に興味がわけば、英語を読むのも少しラクに感じますよね。

ズボラな人に！　辞書いらずの翻訳サイト

それではちょっと方向性を変えて、ツールとして使うなら、おすすめは「理解.com」。

http://www.rikai.com

翻訳サイトは数あれど、いつまでたっても、

「あなたの夢を延長した先の赤い喜びうれしいでしょう」みたいな、英語と日本語の距離をかみしめざるを得ない訳文ができあがってくることが多くないでしょうか。結局ますます意味が不明という。

そこで、「理解.com」。

文章やサイトをこのページに通すと、一見何も変わらないように見えるのですが、わからない単語にカーソルをあてると、日本語の

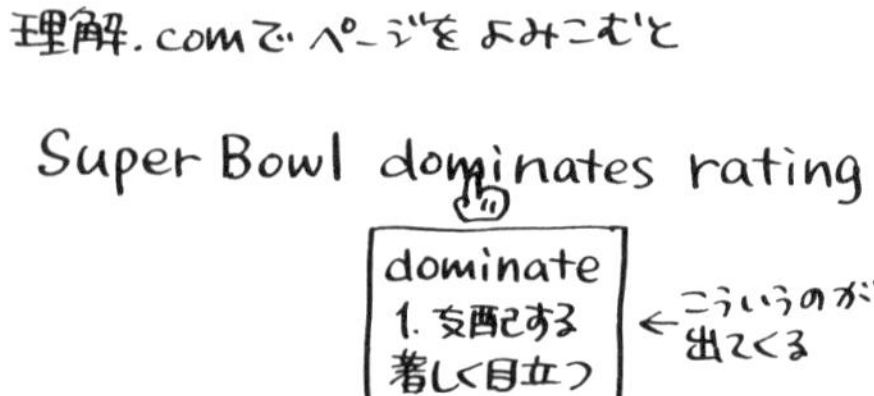
理解.comでページをよみこむと
Super Bowl dominates rating
dominate
1. 支配する
著しく目立つ
←こういうのが
出てくる

訳語が小さなフキダシに表示されるのです。

辞書を引かなくてよくなっただけで、つなぎあわせるのは自分。しかし、この「辞書を引く手間」が手間なのですから、この機能は便利だし単語を全部見て意味を推測したほうが、翻訳ソフトより正確な意味をつかめる場合もあるのでは？　特に英語を勉強中なら、このやり方のほうが身につく感じがします。

動詞のことならココに飛べ！

ほかには「verbix」。

http://www.verbix.com

これはタイトルでわかるかと思いますが、「verb＝動詞」の活用形を即座に教えてくれるサイト。知りたい単語を打ち込めば、過去、現在完了、過去完了などはもちろん、主語も「I」「you」「he」など必要なだけの変化を一覧で表示してくれます。

ちょっと圧倒されるくらいの変化数ですが、載せる単語の数に制

限がないインターネットならではのサイトだと思います。

しかもここは英語だけではなく、スワヒリ語どころか、Faroeseだの Jiwarliだの、どうやって発音するのかもわからないような言葉まで六四言語ほど網羅（もうら）しています。それなのに、Japaneseはないという……また日本語という遠き島々を実感。

ちなみにトップページには、みんなが調べた動詞トップ10が発表されています。私が見たときは一〇個中九個は「go」「be」「eat」など日本人にもなじみのある簡単な単語ばっかりだったのですが、六位だけ「abandon」。「捨てる」って意味なんですけど、なぜ？

みんな、何をそんなに捨てたいんだろう……。でもかろうじて五位が「love」だから、まあいっか。捨てるより、愛がちょっと多かった、ということで。

「abandon」

男性用香水にありそうなひびき。

男の、アバンダン。

ジャン・クロード・バンダムと似てるだけ？、それともマンダム？

abandon

マジックリスニング
私にはネットで見かける
とっても気になるモノがあった…
それが「マジックリスニング」
「あなたも12日間で〝英語耳〟に!!」というのがウリ文句
Magic Listening
聴覚革命
そして「聴覚革命」!
英語耳…これを聞き続けるだけで…
ホントにそんな耳に…!?
試してみたい…
しかし通販でしか買えず5万円もするのだ
英語耳!?
ウフフ
だまされないでよー?
やっぱ…ウソかな?

…で
いくらなの？
5万
5万!?
それ…
買うの!?
んー…まぁ
高いとは思うけど
試してみようかな
と…
そんな折
テレビを見ていると
あの人は今
昔アイドル
グループに
いたんですが
今は社長さん
です！
と
紹介されて
いた人が
ウハウハ
これがすっごく
当たったんです
よー
1個5万円で
6万セット
売れました
単純計算でも
3億ですよー!!
次の商品
開発中
でーす
それが
「マジック
リスニング」
だった!!
さ…
3億…!!
くれ…!!

しかし
逆になんだか
安心し
ついに
「マジックリスニング」
購入!!
でーん
開けてみると…
ヘッドホン
Alice Inoue's Listen Up Handbook
会話集
Magic Listening
説明書
Magic Listening
聴覚革命
Alice Inoue's Listen Up
CD2枚
こ…
これだけ!?
5万なのに…
ごまん…
でも開発費
とか…
あるしね…
ごまん
己を
ムリヤリ
納得させ
いざ実行
…とは言っても
1回の長さは
約1時間
スケジュール
12日間連続して
聴くのは
なかなか大変
やっとできそうな
状態になり…
今日から
始めるぞー!!

で、内容は…
はーい
アイム
アリス・
イノーエ!!
という
ハーフらしき人が
出演
"井上"を"イノーエ"と
発音する
バイリンガルぶり
そして
①井上さんが空港や
ホテルで会話している
例文集にクラシックが
かぶせられている
②クラシックのみ
③川のせせらぎなど
自然の音
というのが
組みあわせられている
よ〜〜し
やる気満々で
挑んだ初日…
寝た。
がばっ
ね…
寝ちゃった!!
ちょっと
疲れてたから…!?
少なからず
ショック
2日め…
今日こそ
は…!!

かろうじて。
説明書に「眠くなる人もいる」と書いてあるが
Magic Listening
思うに
「ビーフ・オア・チキン?」「チキン・プリーズ」
みたいな会話を何度も聞くのが苦痛…
音楽は平気だけど
音楽は音が左右に飛んだり遠近を感じるように作られている
日本人は言語を計算する時と同じ左脳で扱っているけど英語圏の人は音楽と同じ右脳だとか
言葉と音楽を一緒に聞くことで右脳で言葉をキャッチさせようということか…!?
そんなことで右脳になるのかは わからんが
しかし言葉と音楽を両方聞こうとするせいか
どうしても眠い…
今まで夜に聞いてたけど夕方にしてみよう!

結果
時間なんか関係あるもんか。
1時間立って聞いた。
7日め
もーしょーがない
やっと眠くならずに聞けた！
しかし同時に
今日初めて聞いたような会話が…!!
大丈夫かこんな調子で
10日め説明書を読み直してみると…
英語の意味を聞き取ろうとされずに効果音(クラシックの処理音)に意識を持っていかれてください。
えーっ
会話きいてたよ一生けんめい
がーーん
12日め
ストレッチしながら。

13日め
本来12日間だが寝たりしていたので2日延長することにした
(15日以上はやってはいけないらしい)
Magic Listening
14日め
最終日なのに…少し寝た…
…で肝心の結果は?
テストなどをしていないのでハッキリとは言えないのですが
前より多少単語がはっきりと聞こえるようになったかも知れません
例えば前は「フィラビクラスタ」と聞こえていたのが「フィールアビックラスタード」とわかるようになって「クラスタード」を調べるようになった感じ
ENGLISH
でもそれまでにも続けていた勉強の成果もあるだろうし
私は単語数がそれほど増えてないので聞きとれても単語の意味がわからないという状況もある

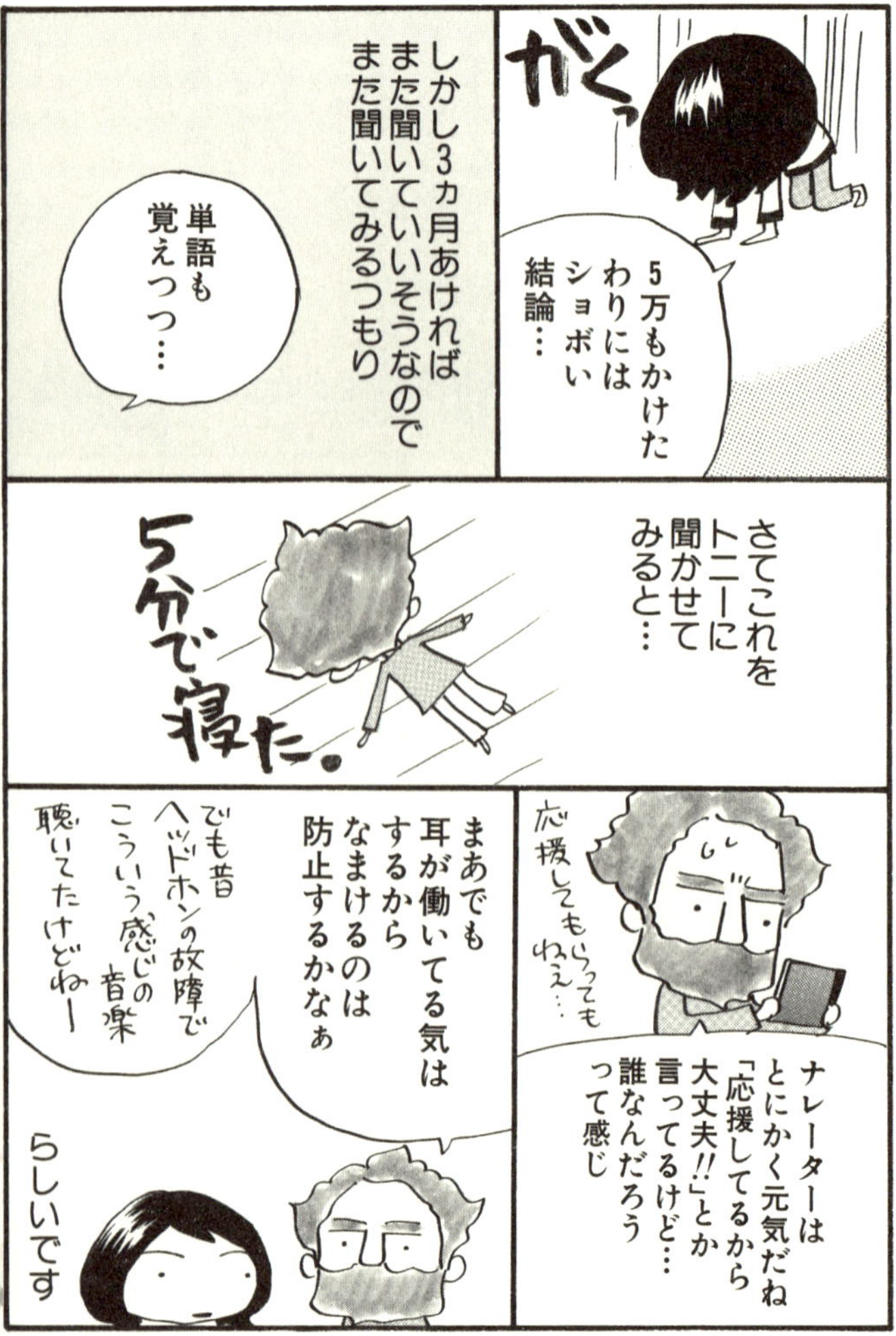
がくっ
5万もかけたわりにはショボい結論…
しかし3ヵ月あければまた聞いていいそうなのでまた聞いてみるつもり
単語も覚えつつ…
さてこれをトニーに聞かせてみると…
5分で寝た。
応援してもらってもねえ…
ナレーターはとにかく元気だね「応援してるから大丈夫!!」とか言ってるけど…誰なんだろうって感じ
まあでも耳が働いてる気はするからなまけるのは防止するかなぁ
でも昔ヘッドホンの故障でこういう感じの音楽聴いてたけどねー
らしいです

STEP 6

英会話スクールに通ってみた！

「英会話学校って、高いなあ」

これが私の英会話学校に対する思いでありました。隣にいるヒゲの人は「学校なんかに高いお金払わなくても勉強はできるよ！」と言うし。そもそも、どこの学校がいいのかわからない……とまあ、この辺のことをグルグルと、いやズルズルと考え続け、学校を決めて通うという決心がつかなかったわけです。

ではそんな私がなぜ、学校に通うようになったのか、というと、それは「通いやすそうな学校を見つけたから」なのです。

月二万円で通い放題!?

ある日新聞を読んでいて、新しい英会話学校のチラシを発見。うちの近所にあるスポーツクラブに新設される学校で、英会話だけでも入会ＯＫと書いてある。しかも、

「月二万円で通い放題！」

となっとるではないですか！

そんなの聞いたことない。授業のほかに講師とフリートークできる部屋に入り放題というのは聞いたことあるけど、授業が、ですよ。しかも二万円。破格の安さだ。普通、一回の授業が五〇〇〇円なら週一回のお値段。それで、通い放題。これはいいぞー。

それに、ほかにも、

・今なら入学金三万円免除

・毎月払いなので、退会もすぐできる

いい。今のところ、文句ない。

英会話学校って、エステと並んで前払いの王者。でも自分に合わなかったらどうするんだろう、って私はいつも思ってました。死にものぐるいで通う、って方向もあると思うけど「質」って大切だし。でもとりあえず、お金の面では安心なのに、なんかまだ迷いがあって。「へなちょこ武士」の看板に偽り無しでございます。

結局チラシを三日ほど眺め続けた後、「体験入学」に行くことを決心。って、「体験くらいすぐ行けー！」って背中からズバーっと斬られそうだ。

トニーも「二万円で通い放題」は納得らしく、行ってみることをすすめてくれたので、恥じらいつつ予約を入れていざ学校へ。

初日からトラブル発生！

ところが、ですよ。

予約の受け付けをしたおじさん、授業のことをよく知らなかったらしく、私は「ビギナー」を予約したはずなのに指定された時刻に

き…
斬らないでください…
すいませんした…

行ったら、それは「ビジネス」のクラスだった。

「ビジネス」……それは私から最も遠い英語。

「ビジネス」……それは雑誌の体験ルポで取らされ、やってはみたが日本語の常識すら知らない私は死にかけ、もう二度と取るもんかと誓(ちか)った英語。その「ビジネス・イングリッシュ」が今また、私の目の前に。

どうしよう……。

でも近所とはいえ、ほかのクラスを取り直してまた来るのも時間がかかる。やらなきゃいけない仕事もいっぱい抱えてるし……ということで、「ビジネス」、受けることにしたのです。ただし、「体験」ではなく「見学」ということで。

「あの、絶対に私に当てないで、って先生に言ってください！」

と日本人スタッフにすがりつきながら教室へ。教室といっても会議室みたいな部屋が一つあるだけ。あまりの規模の小ささにちょっとびっくりしたけど、そんなことより目先の「ビジネス」にびびりながら着席。生徒は私のほかに、私より少し年上っぽい女性と若い男性、それから中年の男性。

そして若い男性の教師が入ってきて、プリントを配り、授業開始。プリントにはもう、ビッチリと英文が。で、先生が話し始めたんだけど、そりゃもう速い速い！

だってね、ほかの生徒の一人はもう何年も英会話学校に通っている人で、一人はニューヨーク帰りで、もう一人はよくわかんないけどペラペラなんだもん～。もう私なんて、「クレーム処理」がテーマだということはわかったが、授業の三割を理解するのがやっと。

そんな私にこの授業がいいか、先生がいいかなんて、ヘッ！　わかるわけないさ！

やっぱり「ビジネス・イングリッシュ」なんて嫌いだ——!!

なんかイヤ～な予感

……と思ったんですけど、結局、入学してみました。イヤだと思ったら、やめればいいし、さー。

5人の教室で
自分だけが
わからない
居心地の
悪さときたら。

それに新設したばっかりだし、平日昼間に行けば、あの規模なら「マン・ツー・マン」に近いんじゃないかと思ったのです。

で、まずレベルチェック。

ここでは、一人の先生と話して、その先生が判断するというやり方。質問は簡単なもので、「どこに住んでるの？」とか「なぜ英語をやりたいの？」とか。

その日の先生は優(やさ)しい感じだったのだが、判断する段になって「えーと、僕の話していることが聴(き)き取れてるから中級でもいいと思うんだけど、実は僕、今日初めてこの学校に来たんでどのレベルでどのクラスか、はっきりわからない」って、おーーーい！

なんか不安だなあ……。

しかし気を取り直し、「でも、まったく自分の思っていることを言うことができないから中級ではないと思う。その下の初心者上級にしてください」と言って、一件落着。

あとはもう放題です。通いたい放題通うだけ、となったわけです。

ちょっと説明しておきますと、「通い放題」といっても、一日八時間くらいある授業全部に出られるわけではありません。

なんせ教室一つですから、一時間めから四時間めまでは初心者クラス関係（初心者対象でも「フリーカンバセーション」とか「ゲーム」とか教科書を使うとか、授業ごとにメニューがちがう）、五時間めから八時間めまでは中級クラス関係、などと決まっていて、受けられる授業が一番多い日で四時間くらい。それでもすごいけど。

先生は何人かいて、受け持つクラスに名前が書いてある。

で、申し込んだ翌々日、仕事の合間をぬって早速、初めての授業に出てみることにした。

しかし、その初めての授業で、最悪な出来事が起こったのだった……。その出来事とは!?

漫画でどうぞ。

英会話学校での出来事
Sociality
ホームパーティやフォーマルな席での話題・マナーなどを学びます。
私が初めて受けたクラスはコレであった
久しぶりの「授業」というもの
どんなかしら
ヘロー
ヘロー…
いきなりふきげんかい…
定員いっぱいの生徒6人で授業が始まった
※教室内のやりとりはすべて英語ですがここでは日本語で書きます

私はこの学校の校長です
ではまず端から私に質問してみて
えーっ質問!?別にないよそんなの
2周ね
家はどこですか？
近所
次！
うわーもう始まった！
すぐ順番きちゃうよー
きゃーーっきゃーーっ
教師になってどれくらいですか？
久々に英語を話し、ムヤミにきんちょー
いい質問だね12年だ
次！
セーフ!!
神よ…
しかし
順番はすぐ回ってきてしまう！
①
②
③
④
⑤
⑥
私

それに
初対面のオッサんに対する興味などほぼない!!
といっても40才くらい
もうすぐだ!! どーする
もー「質問なんてない」って言っちゃうか怒られるかなー
そーだ!「日本にいて困っている問題はありますか」いいね!これなら聞きたい
はっ
でも…それ何て言うの!? ドューユーハブ…何!?
ぎゃーーー もう次!!
えーい ヤケだ
に…日本は好きですか?

あー
もう!!
日本人は
そういう
バカな質問
よくするね
!!
「日本が
好きか」?
好きじゃない!!
好きじゃないところ
いっぱいあるよ!!
いいところも
あるけど…
そうだよねー
こんな質問
飽き飽き
だよねー
そりゃ私が
悪かった
でも
東京は
好きだよ
あー
私も
あ そう
きみ
どこ出身?
岐阜
プリフェクチャー
(県)
岐阜!?
岐阜なの?
うん

私　岐阜　嫌い!!
(I　hate　Gifu!!)
はあ!?
「ヘイト」!?
ヘイトって言った!?
岐阜嫌いなの
hate
今まで岐阜に2回行ったんだけどー
1回めは大雪で外に出られなくて
2回めは息子がインフルエンザもらったんだよ!!
あはは
知るか!!

気をとりなおし…
いやいやいや
いい街だよ
美しいし
うーん 街自体は
そうかもね
人もいいかも…
でも本当に
岐阜が
嫌いなの！
ごめんね
hate
でもいい思い出
ないから
ホント嫌い!!
hate
あはは
カッチーン
はい
次！
えーと…
この授業
「ソーシャリティ」じゃないのか!?
「ソーシャリティ」
それは「社交」じゃないのか!?
私は
会って10分で
あなたの
ことが
嫌いに
なりました
けど
人を不愉快にさせる
人間が「社交」なんて
教えられるのか!?

息子さんがいらっしゃるんですか?
そう!
かわいいよ〜〜〜
ホラッこれ
この間1歳になった時の写真
桃太郎
桃太郎のコスプレ
きゃ〜〜〜かわい〜〜いっ
→私を除く全員
やっぱりいいわねーハーフの子って
いーなぁ
ホントー
かわいい!!
みんな…白人好きなんだなー…

そういう感覚がこういう人を作りあげるんだよね
かわいいでしょー?
自分の国じゃフツーなのに日本に来たらいきなり
英語話せてスゴーイ!
そ…そぉ?
目立ってる?ボク…
国際的♡
外国人カッコイーイ
そんな日々が続くと自分がスーパーマンになったかのように思う
ボクは優れてて何でもできる!!
日本人に言いたい放題でも日本人は笑うだけだから大丈夫
日本人のダメなとこは…
たしかにー
そうかも
「羊のように大人しい」と言われる日本人
女のコにモテるのはもちろん
英会話教師という仕事もうまくいったし
ENGLISH

でも日本人のあまりの「上達しなさ加減」にちょっとイライラしている今日この頃…
本当にバカなの…？
…といった感じだな
前に会った「ゴキブリ」発言の校長とすごく似てる！
私がものすごーくムッとしていたら…
きみ なんでそんなシリアスな顔してるの？
さっき自分の故郷を「嫌い」って言われて気分が悪いんです
ハッ
このクラスは「社交」を学ぶのにそんなこと言っていいんですか？
あーあれ冗談だよ
小さなことだよ気にしちゃダメだ
はい？

じゃあ私がパーティで初対面のあなたに「あなたの故郷嫌い」って言っていいの？
いいよ問題ない
本当ですか!?
くすくす
こういう小さいことに怒る人いるんだよねー
ふふ
怒りのあまりカエル化
でもボクは慣れてるから大丈夫！
6つ学校やってるといろんな人がいるからねそういう人たくさん見てるから
すごーい
まあ6つも!?
ブチーン
まーアカンまーアカンで～
※もーアカン（岐阜弁）

その態度
二重に失礼じゃ
ないのかっ!!
…と怒りたかったのだけど
うまく英語は話せないし
ほかの生徒の授業時間も
奪っちゃいかんし…
どーする
自分!!
と葛藤していたら
授業が終わった
ふくらんで
大変な顔に。
う〜〜〜ん
う〜〜〜ん
家に帰っても
怒りで
仕事が
手につかない
ヨロ…
生命レベル1
トニー
聞いて
くらさい…
話を聞いた
トニーは
うーん…
確かにアメリカでは
「否定」から話を
始める人はいるね

でも
アメリカの
基準が
世界の基準じゃ
ないでしょ?
それに同じことを
フランス人や
ドイツ人にも
言えるのか?
って思うんだけど
で
どうする
?
う———ん…
まぁそうだね…
「社交」っていう
授業には
ふさわしくない
だろうね
見てないから
わからないけど
手紙を
書こうかな
校長と
スポーツクラブの
日本人
マネージャーに
うん
いいんじゃ
ない?
待ってなさいよー
校長!!
文章へ続く….

外国人校長にクレームをつける！

　ということで手紙を書きました。トニーに相談したら、

「この戦いに勝ちたいなら、感情的なものをぶつけるのではなく、聞いていた授業の内容とのギャップに落胆（らくたん）した、というような事実関係をせめるほうがいいと思うよ」

　と言うので、そこからスタートしました。が、なんせ怒りも大きかったので、丁寧（ていねい）ながらイヤミも全部言う、みたいな感じになってしまい、折りたたんだら封筒がパツンパツンになるくらいの怨念（おんねん）がこもった手紙になったのでした。まあ、おおよその内容は、

①　授業内で起きたことのあらまし。そして私は不快な思いをした。
②「sociality」のクラスなのに、それを教える先生が人を不快にさせていいのか？　そんなんで教えられるのか？
③　本当に「ジョーク」なのか？　日本人だから何言ってもいいと

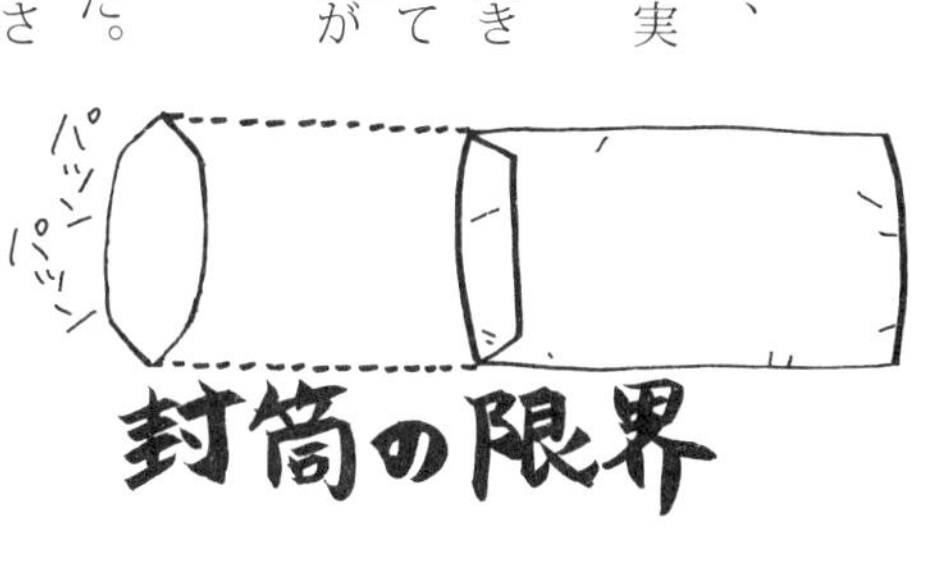

思っているのではないか？　フランス人に同じことが言えるのか？
④ジョークだとしても、アメリカ以外でも通用するのか？　英語を勉強していてもアメリカに行くとは限らないんだから、世界中で通用するスマートなジョークを教えてほしいものです。
⑤私がジョークに対して文句を言ったら、「小さいことに怒る人はよくいるけど、僕は慣れてるから大丈夫」って言ったのは二重に失礼ではないか？　対応まちがってるでしょ。
⑥そういう失礼な人って経営者に多いけど、何とかしてほしいわ。
⑦この件に関して学校側はどういう考えなのか、一週間以内にファックスまたはメールで返事してください。日本語で。

まあ、③、④、⑥あたり、いらんですね、本来は。でも書かずにいられなかったもので……すみません。
手紙は受付のお姉さんに託しました。

さて返事が届くまでの一週間、学校に通うべきか通わざるべきか。

迷ったんですけども、結局授業を受けました。だってその分、お金払ってるし。あと、先生は自分の受け持つ時間しか来ないので校長の授業だけ避けていれば、接近遭遇はまぬがれたからです。

そして、六日後。

まず日本人マネージャーからメールが来ました。

「このたびは不快な思いをさせてしまったうえ、不適切な対応があって申し訳ありませんでした。通訳を交えて本人と話し合いましたので本人からの謝罪を含め、改めてまたお手紙差し上げます」

うんうん、悪くない感じ。これが普通の対応でありましょうて。

しかしあの校長、日本に一二年もいて日本語できないって。そんなんで語学の先生、よくやれるなあ。私なら恥ずかしさで顔が真っ赤よ。アメリカに一二年いたら私も英語話せるでしょう。た、たぶん……。

最初のメールが来てしばらく後に、問題の校長からのメール。

英文に日本語訳つき。内容はというと、大変に丁寧な言い方で、

「このたびは本当に申し訳ありませんでした。自分のしたことを反省しており、一人の教師として、また一人の人間として深い謝罪を申し上げます」というようなことがつづられていた。

うんうん、そうだろう、そうに決まってるだろう、やっとわかったか。と思ったが、よく見ると宛名が「Ms.Ogura」であった。

惜しい！　でもちがう。

本当に反省してんのかな？　謝るんならちゃんと相手の名前も確認しないと。詰めが甘いぞ、校長。

スクールで、勉強の楽しさが初めてわかった

でもまあ一応、全面的謝罪の手紙をもらったということで気分的には一段落。しばらく通ってみるかなと思い直した。

なんといっても、学校が楽しかったから。学校というより、勉強が。今まで行った学校での勉強は、小学校から大学まで、私にとっては「点数を取るため」の勉強でしかなかった。高校・大学と美術

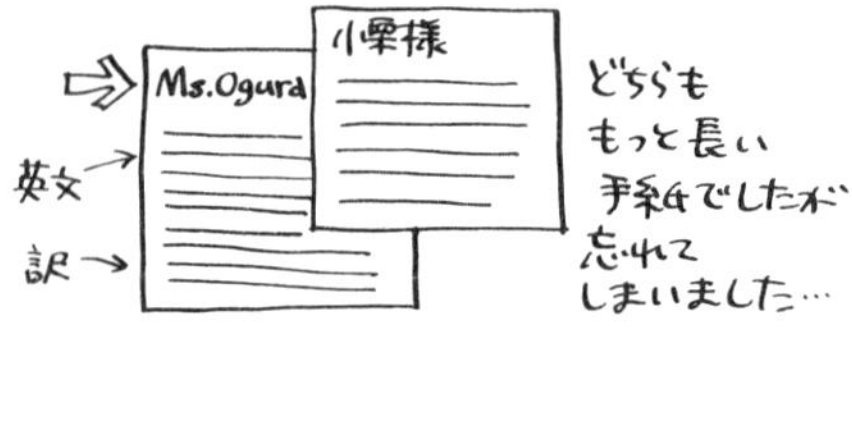

の勉強もしたけど、高校は「大学受験のため」だったし、大学では「単位のため」だったうえ、あまり勉強してなかった。課題も仕方なくやってたし、イラストなんかの提出物も、よく友達が描いたのを借りて出していた。今この場を借りて、両親に謝りたい。ごめん。

私と親の問題に話がそれたが、とにかく、私は英会話学校に通って初めて、「勉強って楽しいんだなあ」と新鮮に感じたのだった。

純粋に自分のために知識を増やす勉強。

たとえば、誰かが問題に答えなければいけないとき、その人が答えられなくても、ほかの生徒は誰も助けない。それは冷たいのではなく、そんなことをしても意味がないからだ。みんな、「英語を身につけたい」から来ているのであって、「いい点数を取るため」ではない。だからその場しのぎで答えることに意味がないのだ。これが資格として「ＴＯＥＩＣ」なんかを受ける人だったら、またちがうのだろうけど。

一緒に勉強している奥様の中には、家事のほかはこの学校に来るのが平日の日課、という人がいて、「私もそんな暮らしがしたー

い！」と切実に思ったりもした。そしたら英語も覚えられそうなんだけどな～。そんなの幻？

でもとにかく、行ける授業に全部行きたいくらいだった。もちろん除く校長クラス。校長は憎いが、このシステムはよい。

前にも書いたけど、英語が話せるようにならない大きな原因は「日常生活に必要ないから」だと思う。

もちろん、それを上回る「やみくもに好き」という気持ちがあれば勉強を続けられると思うけど、多くの人にとって「資格の一つ」や「漠然とした憧れ」だし、使う場がなければ「丸暗記」になるのは当たり前。だからなかなか身につかないのではないだろうか。

そういう日常に「話さなければいけない」という時間を何時間も作れば、より覚えやすいと単純に思う。

また、この学校のよかったところは宿題がないこと。週に一回の授業なら、もちろん宿題がないと上達はあり得ないと思う。でもこの学校は一時間でも週六日は来られるから宿題の必要がないし、宿題をやってないと学校に行きづらいという状況にも陥らない。

予約は、定員が空(あ)いてさえいれば直前でもＯＫなので、フラリと行ける。キャンセル代もなし。

と、システムもお金も、私にはなかなかよいと思える学校なのだった。

話すことが目的で、話したいことは何もない？

私が学校に入る前に得た知識では「日本人は恥ずかしがり屋だから自分から話さず、なかなか上達しない」というのが定説だったように思うけど、この学校ではまったくそんなことがなかった。

たいていどの生徒（「奥様」がほとんど）も、学校に行ったことがあるか海外旅行によく行く人が多いせいか、バンバン発言する。

それに、私は「ヒアリングできているから中級」なんて言われてそんな気になっていたけど、クラスの人ほとんどが私と同じくらいかそれ以上、聴き取れている。じゃあ私も堂々と「初心者」ではないか。がっくり。まあそれはともかく、クラスのほとんどの人は、

英語の歌って
意味がわかると
大したこと
言ってない
ことも多い
と思う
「今夜お前は行っちまった」とか
「ズルい女さ」とか

たとえ答えがまちがっていても、「ああ、そっか」と笑うくらいで和気あいあいと授業は進んでいくのだ。もっと若い人たちは恥ずかしがっているのかなあ。不思議だ。

ただ、気になることもいくつかあった。

一つは「フリー・カンバセーション」の話題を持ちこむことが少ない、ということ。生徒たちから「これを話そう」という提案はほとんどないので、いつも先生が持ってきた記事や話題をテーマにすることが多かった。

私はときどき提案していたけど、こういう傾向はやはり「英語が話せるようになりたいけど、話したい内容はない」と言われている通りかもしれない。

「初心者クラス」だけが混んでいる！

もう一つは「初心者クラス」のみが混んでいる、ということ。新設の学校だったから、生徒が少なくて「マン・ツー・マン」で授業してもらえるかも、という期待を私は持っていた。ときどき、夜のクラスでは期待通りであったが、教室が小さいこともあり、昼間は定員いっぱいになってしまうこともあった。しかし、「中級クラス」はいつもほとんどが「マン・ツー・マン」か、それに近い状態だった。

日本では「初心者クラス」だけがめちゃくちゃ多いのではないだろうか。早く中級になってしまったほうがずいぶんとトクするのではないかな、と思う。でもなかなか中級になれないところもまた日本的ではある。

しかし、ここでまた不思議なことがあった。私は「マン・ツー・マン」が受けられたらラッキー、というのが常識かと思っていたのだが、どうやら奥様たちはちがうのである。なぜ？　結構積極的に話しているではないの。でも、「マン・ツー・マン」は疲れるんだそうである。

「先生の話し方が速いとわかりづらいし……」って、「マン・ツー・マン」だからこそ、そんなことも「もう少しゆっくりしゃべっ

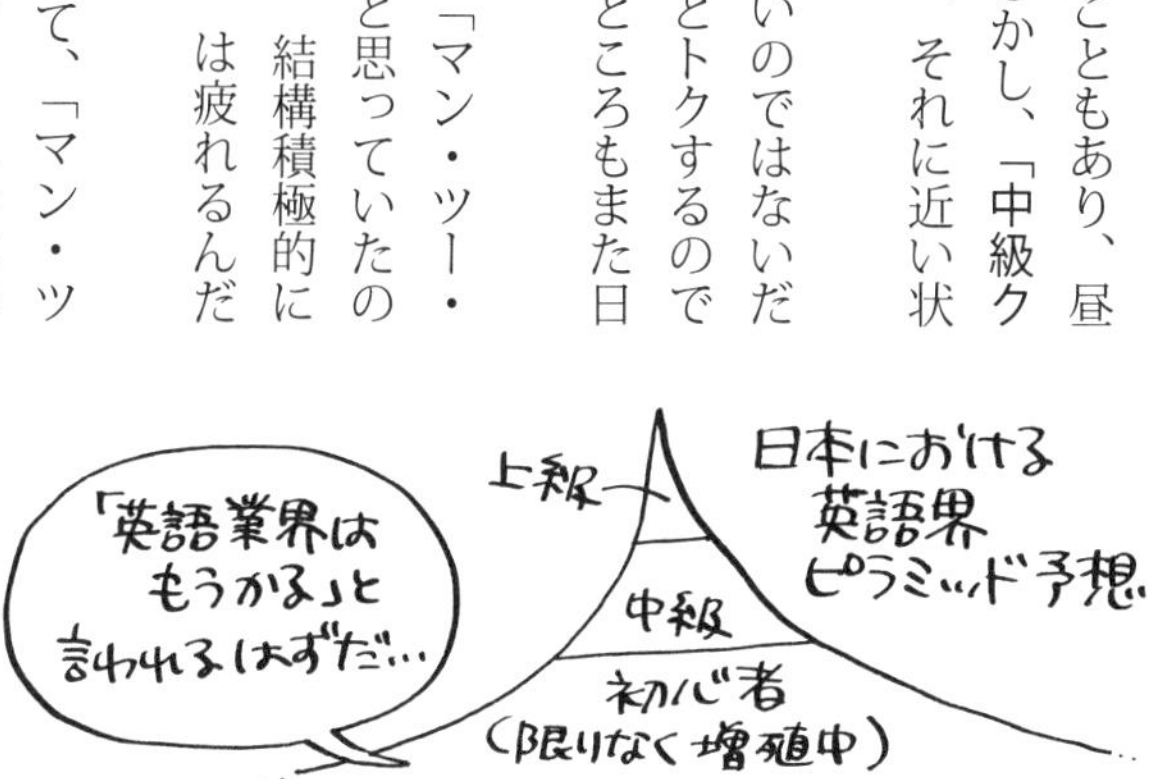

て」とお願いできるんではないか。でも、こんなことも言えない人も多いらしい。

先生のレベルに差がありすぎ?

また、この学校はリーズナブルなせいか、先生の質が一定ではなかった。経験があって教えるのがうまい人もいるけど、どう考えても教師のトレーニングを受けてないと思われる人もいる。夜のクラスだと、「朝からずっと授業しているから」という理由で、集中力を欠いている先生もいるのだ。

「えーと、次、二番の問題……ちがう、その前に今のcomeの別の使い方を教えて……やっぱりいいや、二番で」

といった調子。おまけに生徒の答えがまちがっていたら大爆笑。

この先生と「マン・ツー・マン」だった知り合いは、先生にアクビを連発されたそうだ。

「ええーっ、それで文句言わなかったの?」と私が言ったら、「そ

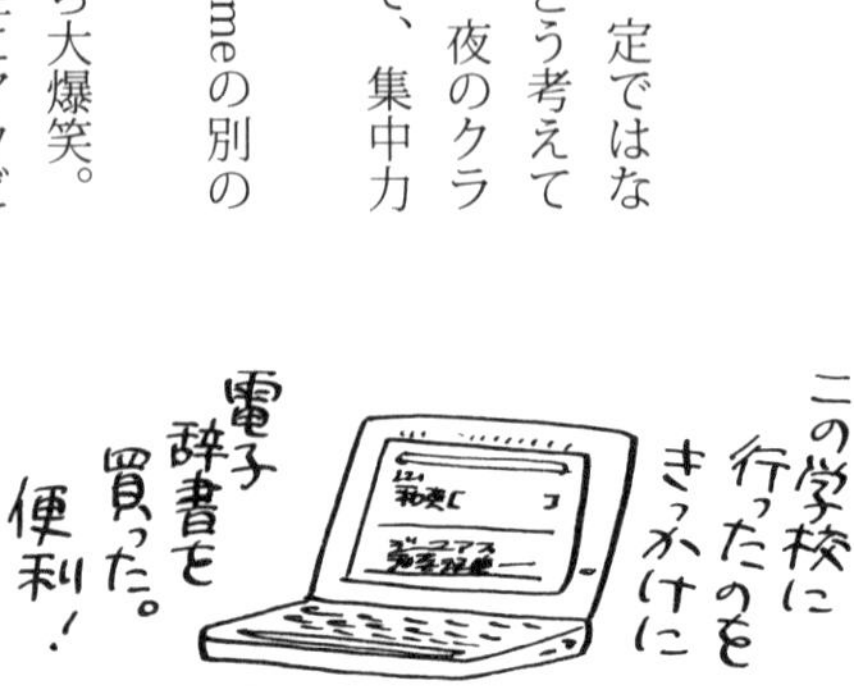

んなこと言えなーい」と彼女。うーん、なんでだろう。

しかも、私が初日にケンカして以降、一度も出ていない校長のクラスの「フリー・カンバセーション」は「カンバセーション」ではなく、校長の持っているクレジットカードのステイタスがどうの、趣味で集めてるバカラのグラスが増えただのという〝校長大自慢独演会〟になっているというのだ。それをみんな文句も言わず、ふんふんと聞いてるらしい。

聴き取りの練習にはなるかもしれないけど……。

でも英会話学校において、生徒は生徒であって客でもあるんだから、「よい授業」というサービスを求めてもいいではないか。

私は結局、この学校をやめたのでクレームつけたのは一度だけだったけど、もっと行ってたら、もっと要求を出していたと思う。

私って……イ、イヤな奴？

でもみなさん、もっと言いたいことを言っていきませんか！

海外に行くならなおさら、しかしそうでなくても、もっとサービスや商品に対して言いたいことを言ったほうがいいんじゃないか

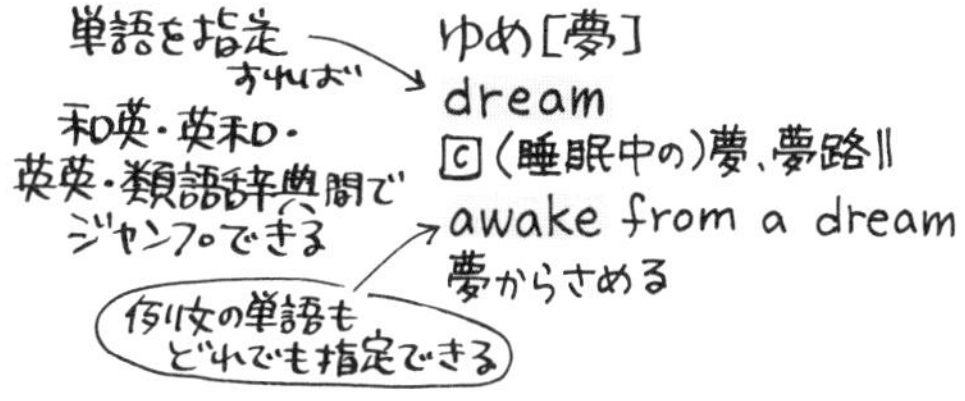
単語を指定すれば
和英・英和・英英・類語辞典間でジャンプできる
例文の単語もどれでも指定できる
ゆめ[夢]
dream
C (睡眠中の)夢、夢路‖
awake from a dream
夢からさめる

な？　と思う。

そのほうが自分のためにも、ほかの誰かのためにもなる。もちろん言った相手のためにも。

というのが私の主張です！

いきなりマネージャーがやめていた！

さて私がどうしてこの学校をやめたのかは後で書くとして、まず、ある日学校に行ったら、マネージャーがやめていた。

マネージャーといっても「店長」という感じでかなり若い先生だったし、そんなに権限はなかったと思うけど、いきなり先生がやめている、という状況はあまりいいものではないと思う。

英会話学校にはよくあることかもしれないけど、「授業や生徒に対する責任」というものが薄く感じられてしまう。事実、マネージャーが一番たくさん授業を持っていたので、彼がやめてしばらくは間に合わせの授業がたくさんあって、損した気持ちになった。要領

私は少しでも
英語にふれるように
漢字を
知りたい時も
和英辞典をひき
英単語を見る

がわからない、または十分な用意ができてない先生の授業が満足できるもののはずがない。

そしてようやくマネージャーの抜けた穴を埋める先生がそろった頃、いきなりまた激震が走った。なんと、私とケンカした、あの校長がやめたのだ！

やめた原因は、よくわからない。小さな子どものためにアメリカに帰ったのかもしれないし、私のほかにも生徒で「校長が失礼だ」とクレームをつける人がときどきいたらしいので、それも響いているのかも。とにかくスポーツクラブが経営権を買い取り、校長はいなくなったということらしい。

そして、それにともなって学校がちょっと縮小した。

会話で「正しい言い方」は身につくか？

この頃から私は引っ越しを考えていて、引っ越しするならちがう街に行こうと思っていたので、学校をやめるか、引っ越した先に一番近い教室に移ろうか迷っていたのだが、その教室もなくなってしまった。

そして引っ越し、結局、学校をやめたのだった。

実は引っ越し以外にも、やめようと思った理由がほかにもあった。

まず一つは、「効率」。

行かないよりは行ったほうが英語に親しめると思うのだが、たとえば「フリー・カンバセーション」クラスを受けて、いろいろ話したとしても、「みんなで話し合う」ことに重点が置かれるので、いちいち発言を正しい英語に直されたりしない。

言いたいことに力量が追いついてないから、文法がまちがっていても単語を並べまくって意思を表明するのだが、そうすればたいていはわかってもらえる。やっぱり技術よりハートだよね、であるかというとそういう話ではなくて、上達するために行っているのだから**「より正しい言い方」**を知りたいわけである。いろんな発言をして授業の一時間が終わって、じゃあ授業が始まる前にくらべて「正しい言い方」がわかったかというと、答えはノン。

ここで「マン・ツー・マン」なら「私の言った文章を直して言ってくれ」と、ちょっぴり大胆に甘えることもできようが、三人以上の生徒がいてそんなこといちいちしてもらおうなんて、大家族のお母さんを今日は私が一人占め！　するくらい無理なことなのです。

いやそれでも、仕事がなければ入り浸りたい。伝説の牢名主（ろうなぬし）になるくらい入り浸って、英語だけ勉強できたらどんなに幸せだったろうかしら。

スクールが気になって仕事が手につかない！

そんな気持ちが引き起こす、二つめの問題点。

私の生活が、学校中心になってしまっていたのだ。

「放題」は何だって「より多く、放題したい」、それが人間の心理。同じ金額なんだもの、「食べる」も「見る」も「英語」も目一杯、やりたいに決まっている。冷静に考えればそもそも安いんだから、月一〇時間行ったって一時間二〇〇〇円なんだから十分なおトク感。

しかしそれで納得するかというと、そうはイカの……何でもありませんけども、私の仕事が「締め切りさえ守れば自由に時間が使える」という職業なので、行こうと思えばいくらでも行けるわけなんですよ。

でも私はもともと集中力ってものがビックリするくらいない人間で、「これから出かける予定がある」と思うと、一時間ほど前から「浮き足立つ」んですね。

時間ばっかり気になって、ほとんど仕事が進まない。帰ってからはすぐ仕事にかかれるかというと、今日あった出来事を思い返したり、「あそこでこう言えば、もっと笑いがとれたのになあ」と反省したり、あげく脳みそを使いすぎて疲れたり……で、寝てみたり。

どうもスキあらば、私は寝る。どうにかならんものか。睡眠が一日四時間、そんな人間に私はなりたい。

話が宮沢賢治（みやざわけんじ）的なものにそれたが、とにかく私は仕事もしなければならない。

でも、私は漫画を描いているとき「つらい」と感じるタイプなの

でも「食べ放題」はもうおトクじゃなくなったお年頃…
すぐお腹いっぱいに。

で、少しでもラクなほうに逃げたくなってしまうのだ。

私にとって、アウトプットよりインプットのほうがラク（なときのほうが多い）なので、はりきって出かけてしまう。

思えば同じような理由で昔、通っていたスポーツクラブをやめたんだった。クラブ行って、汗流して、ジャグジー入って、あ〜動いたらご飯がおいしい今日も充実、おやすみなさーい……と漫画なんて描きゃしないので、やめました。

それでも、やっぱり、いいかもね

でも、学校に行ったのはいい経験だった。

アットホームなのもよかった。

通っている人とずっと顔を合わせるし、英会話学校ではよく自己紹介をするので、お互いのことがよくわかる。先生が替わるたび自己紹介するけど、生徒はほとんど同じメンバーだし。

私は「漫画家」と「ダンナがイングリッシュ・ネイティヴなのに

習いに来ている」というところで興味を持たれていたが、同じことばっかり聞かれるので、最後のほうは面倒くさくなって返事も短くなりがちであった。

きっと、日本に来ている外国人も同じだろう。

必ず「どこから？」とか「何しに？」とか「おさしみや納豆、だいじょうぶ？」とか聞かれるし、日本語を話していたら「日本語うまいねー」である。

死ぬほど言われていれば、言った相手が期待するような返事ができなくても仕方ないと思う。

私が校長にした「日本が好き？」も同じ。住んでるけど、不満爆発の人だって多いもんだ。それは海外に住んでる日本人だってそうだと思う。

外国人に、「じゃあ母国へ帰れよ」ってすぐ言う人も多いけど、だから日本人は討論ベタがなおらない、という気もする。

とにかく私は学校をやめてしまったけど、また行くなら、やっぱり通い放題がいいと思う。

もっと、このシステムの学校が増えるといいな。

そしたらきっと、英語習得率もあがるはず。人助けと思って、どうか一つ。**どこかの起業家の方、よろしくお願いします！**

英会話喫茶に潜入
welcome
うーん…
お友達A子ちゃん
どんなとこなんだろうね
ガチャ…
そ〜っ
いらっしゃいませー
店内はそう広くなく
外国人
外国人
喫茶店というよりは学校などの「ラウンジ」っぽい
→奥に事務っぽいコーナー

初めてですか
じゃあこれにお名前など書いてくださいね
一応会員登録しますので
そしてこれがスタートの時間になります
15:00
「1時間たちました」とかお知らせはしませんのでご自分でお時間気にしててくださいね
料金は1時間まで
¥1000ー
以降30分ごとに
¥500ー
飲み物は飲み放題
コポポ
セルフサービス
ではこちらの席にどうぞ
ヘロ
ヘロー
ヘロ──
ヘロ──

My name is Bob. I'm from Seattle, and I'm an English teacher…
と話し始めてくれた
実はココに来る前
会話のネタを考えていった方がいいいと思うよ
外国人は料金が安いため英会話喫茶にたま〜に行く人
うーんM・ジャクソンとか？
↑時事ネタ
あーいいね「どこから来たの？」みたいな質問はよくされてるからそういうニュースっぽいのがいいと思うよ
英語についての質問はしていいのかな？
まぁ期待はしない方がいいかもねフツーの人も多いしレッスンではないからねぇ…
で
ちょっと考えていったのですが
何にしようかなー

今日いた人はこの店のスタッフでもあったようで
英会話レッスンも行っている
Which country do you like the most?
I'm learning Japanese but it's very difficult…
自分からバンバン話してくれた
お客さんは
あー
来てたのー?
常連っぽい人も多いけど
チョコ持ってきたの
食べてー
みんなフレンドリー
でもやっぱり結構話せる人が多い
ベラベラベラ〜
ベラベラ?
だんだんスピードアップしてくる
ベラベラベラ〜
私たち
ンフー
ンフー
ンフー
とにかくンフー攻撃

そして話す時には
あー but ほら in winter は London って cloudy だし…
かなりの日本語含有量
ンフー
ンフー
うんうん But when I stayed in London …
でも あたたかく 迎えて もらえ…
私はもともと身ぶり手ぶりが大きい方だと思うけど
I looked at over there...
many people walked up town...
英語をカバーするため さらに必死
…と年配のご婦人がスッと入ってきて
ペコ…
ススッ
一言も話さずただニッコリと…
あれ？幻じゃないよね？
みんな見えてるよね

しかし
A子ちゃんも
話してないぞ
ンフー
私より初心者
How about you ?
A子ちゃん
ンフ!?
なーんで私にふるのよっ
怒られた
ごめん
話したくないのに
無理じいされる
雰囲気ではない
あー Yes うん…
結局
ご婦人は
一度も
話さなかった
たぶん「聞くだけ」の常連さんだろう
1時間たったので
バーイ
バーイ
バーイ
いやー
「ンフーンフー」って
言いまくったー
わかんなくても!
2軒めの茶店
でも
楽しかった
ねー
うん
みなさんも
怖がらずに
レッツトライ!!

ネットで先生を探してみた!

STEP 7

STEP6で書きましたが、英語学校で校長とモメたとき、私は「ひょっとしてこの学校やめるかもしれない……」と思い、ある行動を起こしました。「senseisagasu.com」で先生を探したのです。

先生探す、ドットコム。

「senseisagasu.com」とは、文字通り生徒を探している先生と、先生を探している生徒を引き合わせるサイトのことです。

まるでお見合いのような……！

「senseisagasu.com」の特徴は、単なる仲介であるということ。

http://senseisagasu.com

サイトには先生志望のリストがあって、世界各国の人が自分の「出身国」「経歴」「教えられる地域」「レッスン代」などを書き、自分のすばらしさをアピールしています。

それを見て気に入った先生がいたら、紹介料三八〇〇円を「senseisagasu.com」に支払います。

それから、自分の教えてほしい先生の名前を五人まで書いてメールを送信。すると、その連絡先を書いた返信がもらえる、というしくみ。

そこから先は自分で先生と連絡を取らなければなりません。ちょっと恥ずかしがり屋さんにはドキドキなシステムです。

スクールよりも「効率」大！

個人レッスンがいいと思う点は、やっぱり「効率」。

前にも書いたけど、通っていた英語学校だと一〜二時間授業を受けても、目に見える結果にならないことも多々あります。英語とふれあう時間を重ねることはとても大切だと思うんだけど、忙しいとそうも言ってられないわけで。

そして、私が最初に英語を勉強するきっかけとなった英語学校体験ルポを描いたとき、私が一番印象に残ったのが「学校」ではなく「私の話したことを全部直してくれた先生」であった。

私が何か発言するたび、その正しい言い方を言ってくれたのだ。それを、私がまた言い直す。これはいい。これを繰り返していけば自分の言いたいことが正しく言えるようになるはずだし、レッスンが終わった時点で、授業前より「言えること」が増えていることになるはず。

しかも、授業の内容を自分が必要としていることや興味のあることにすれば、話す確率が高いってことだから、ますます効率的……ですよね。その習ったことを覚えられるかどうかは自分次第ということで。

先生を決めるポイントは三つ

そんな私にバッチグーな先生を探そうと、さっそく「senseisagasu.com」のサイトへいってみました。ものすごい先生の数です。山盛りです。

英語だけでなく、スワヒリ語、フィンランド語など各国語で出迎えてもらえます。が、先生の居住地もこれまた日本全国なので要注意。

「英語教師としての経歴」など、アピール内容もすべて自己申告のようなので、超吟味（ぎんみ）しなくてはなりません。

そして「レッスン代」。

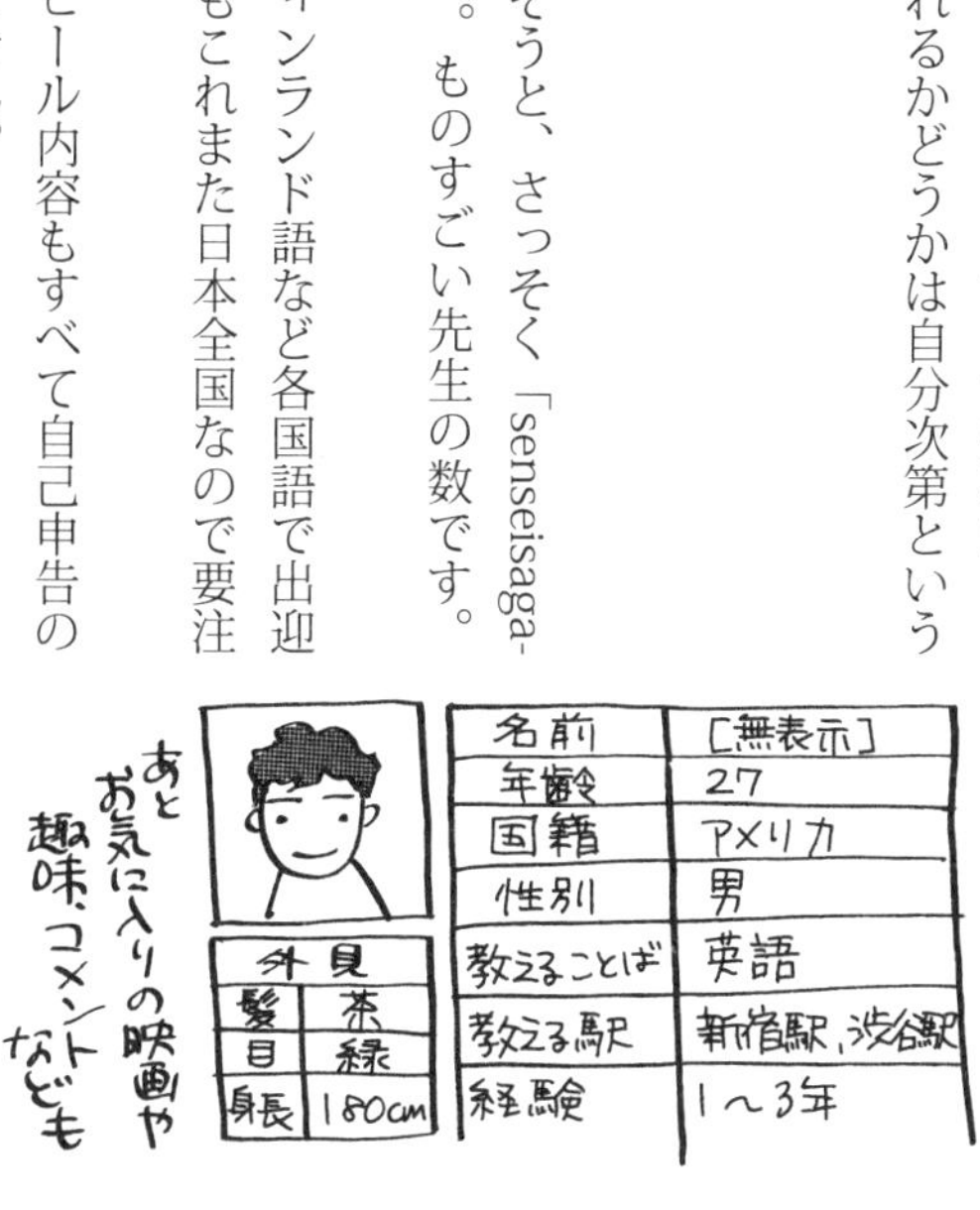
名前
[無表示]
年齢
27
国籍
アメリカ
性別
男
教えることば
英語
教える駅
新宿駅、渋谷駅
経験
1〜3年
外見
髪
茶
目
緑
身長
180cm
あと
お気に入りの映画や
趣味、コメント
なども

これも自分で好きなようにつけているので、下は一時間一〇〇〇円から、上は五〇〇〇円までさまざま。一〇〇〇円なのは、英語が母語でない人が多いみたい。経験豊かな人が五〇〇〇円なのはわかるけど、二〇歳でそのくらいつけている人もいてリアリィ？　な世界。よほど「ご自慢のテク」でもあるのだろうか。

さて、先生をどうやって決めればよいのか。

いちおう「教えられる地域」で絞り込めるはずなのだが、やってみると非常に広範囲に設定している先生も多い。

そのうえ「交通費は別途払ってね」という条件の人も多いので、「値段」重視だと結局は地道に一人ずつのページを見て、なるべく近所の人を探さなければならない。かなりの人数なので、見ていくだけで大変。誰がいいかなんてわからなくなってくる。もうこういうの選ぶのなんて、結局はカンなのかもしれまへん。関西弁になりつつ私は、

①　かなり近所の人

「ア」は
入ってないと
思うよ
ゼッタイ!
「リーリイ」の方が近い
Really
リアリイ

②　写真が載っている人
③　日本語ができる人

を基準に五人を選んだ。

①は、わざわざ電車に乗って出かけるのはナンだし、ってナンなんだろう、まあしんどいというか、できれば歩いていけるのがいいなと思って。時間が最小限ですむので。

②の「写真」は、顔も知らない人に会うのは怖いなと。私の要求は「私の言った言葉を正しく直してほしい」だから、「専門的に教える勉強をした」人でなくてもいいかと思い、「写真が載ってない」なんて生っちょろい理由で失格にしました。すみません。でも多くの方は写真載せてますんで問題ないです、という弱腰な姿勢。と同時に、あまり絞り込めませんでした。

③の「日本語」については、微妙なニュアンスをわかってほしいから、です。「こう言いたい」というときに、意味を本当にわかってもらえないと、少しズレた言い方を教わる可能性大なんですね。

英会話学校では、会話はほとんど英語だったんですが、「こういうときには何て言えばいいの？」と聞きたくても「こういうとき」を説明するのにひと苦労、ということがよくありました。

ちょっとした差が大きなちがいを生む恐れあり、です。わかってもらうためにかかる時間をなくすためにも、この条件が必要だったわけです。

初めは日本語であいさつ

やっと決めた先生の名前を書いて申し込むと、手続きが書かれたメールが来ました。

その通りに、次の日に振り込み。

すると、なぜか夜にはもう「入金確認」メールが到着。すごいぜ郵便局。そのメールはもちろん、先生の連絡先つき。先生ごとに電話番号かメールアドレス、または両方が書いてあります。

私は最初に、一番近所であると思われる男子にメールを出しまし

「左へ行って」 go left
「Xの向こう」 across from X
「銭湯」public bath
など いろんな言葉も載っている。

た。

電話番号も書いてあったんだけど、やっぱ礼儀としてはまずメールじゃないですか。というのは嘘で、やっぱ恥ずかしがり屋さんだからです、えへ。

メールだって英語で書くのはむずかしそうだけど、そこは安心、「トライアルレッスンお願いしますフォーム」がちゃーんとサイトに用意されているのです。必要になるであろう曜日や時間、道順の説明の仕方までも載っています。それを駆使すれば、どんなに自信のない方でも必ずやトライアルレッスンまではたどり着けるでしょう。

私は日本語のできる人を選んだのですが、その英語のフォームもつけました。日本語、話せるけどあまり読めないって方もいるので。

メールの返事はすぐ来ました。

「日本語大丈夫なので電話してください」ということだったので、私も武士の端くれ、覚悟を決めて電話しました。

トゥルルルル……

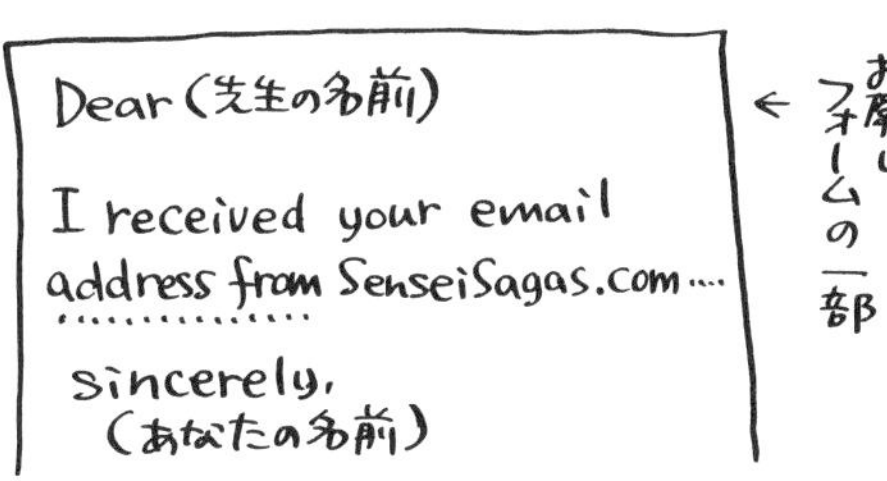
Dear (先生の名前)
I received your email
address from SenseiSagas.com....
....
sincerely,
(あなたの名前)
← お願いフォームの一部

「はい」

「も、もしもし？　あのぅ、先生探すドットコムを見た、小栗ですけどぉ……」


めちゃめちゃ日本語。

でも彼も「あー、はい、どうもはじめまして～」と日本語バリバリだったので、めちゃスムースに約束を取りつけることができ、日本語のすばらしさをかみしめたのでした。

いよいよ先生とご対面！

会ってみたら、先生は本当にすごく近所の人だった。おたがいの家が、道二本くらいしか離れてなかったのである。

私が仕事は漫画家だと言ったら、先生は、

「ああっ？　ひょっとして『ダーリンは外国人』……」

と言うではないか。

「ええっ？　知ってるの!?」

「うん、僕はまだ読んでないんだけど、僕の奥さんが持ってて本棚にあるから」

あ――――っそうか――――!!　この人も誰かの〝外国人のダーリン〟なのねえ。あんまり考えてなかった。本が発売されて、そう時間もたってなかったので、持っている人に会うとは思わなかったのだ。

それにしても、やばい!!　というか、恥ずかしい!!

私の「英語話せない度」を読者に知られるなんて。だって相当よ。相当にひどいんだから。しかも奥さんは英語を話せる人らしい。やりきれない気持ち……。

しかし、そんなことで断って帰るわけにもいくまい。先生、とってもいい人だったし。肩をバーンと叩(たた)いて「いや〜あんた、いい人だなあ！」と、言いたくなるくらいの草食動物系の人だったのだ。

私はといえば初対面なのに、英会話学校の校長二名のイケすかない様子を怒りながら訴えたあげく、帰り際には「もし奥さんに『小栗さんってどんな人だった？』って聞かれたら、『いや〜、いい人だったよー』と言ってくれ」と懇願(こんがん)するというありさま。申し訳がな

さすぎです。

まあとにかく、週一回のレッスンを受けてみることにした。ちょうど彼のやり方も「フリートーク」だったので、普通に話しながら、ときどき私の言ったことを直してもらう。

しかしこれが、やってみるとむずかしい。発言のたびに直してもらえるわけではない。直していると話が全然進まなくなるからだ。

前の体験ルポのときに全部直してもらえたのは、レッスン内容が「ビジネス」で（わたくしの鬼門ではあるが）、面接の答えや電話の受け答えだったので、先生が直しやすかったのだと思う。

そう思いつつも何回かレッスンを受けていたのだが、私が引っ越しして別の街に行くことになり、そしてこの本を書くことになり、勉強の仕方をちょっと考えようと思って、とりあえずレッスンを終了することにした。最後に頼まれて、彼の奥さんが持っている本にサインして、奥さんからもメールもらったりして、なんだかいい思い出。

なーんて、遠い目をしていて大丈夫なのか！

始めた端からやめていって、お前は英語を勉強したいのか始めてからやめたいのか、という読者のみなさまからのシビアなツッコミを、書いてる端からビシバシと感じております。

ぶっちゃけ、私も自信なくなってきました……。でも、泣きながら、ちょっとずつがんばります。ほんとです。

「感じ」をつかむためには会わなきゃね

ところで、連絡先をもらった先生はあと四人いました。それはどうしたのか？

結局、ほかの人には会いませんでした。もう一人、メールを出してみた先生がいたのだけど先生のほうが忙しく、何度かやり取りはしたものの自然消滅。

しかし連絡を取って日にちを決めて会う、というのは結構パワーがいることなので、五人全員に会っている人はとても元気があるん

だろうなと思う。あるいは確固たる理想があるとか。

試験や資格のためなら、たくさん会わないとダメかもしれない。やっぱり会ってみなくちゃ、その人の「感じ」はわからないから。

でもそれをかんがみても、この紹介料は安いと思う。インターネットがなければ成し得なかった金額。これぞネットの恩恵かも、と思うのであった。

さあ、英語砂漠を彷徨（さまよ）う私が次にたどり着いたのは、ラジオ・テレビ。

それは次章に。

あながち
まちがい
でも
ないんかい
シビア
severe
ラテン語
読みなら
「セベーレ」だね

これからやりたいベスト3

3位　日記を書いて添削してもらう

日記というのは自分がやったことだから
内容が生活に密着していると思う。

だから自分に関係することの
言いまわしが学べそうだ。

私の場合
家の中に
見てくれる人が
いるんだから
「すぐやれ」って
感じですけど

1週間つけて
それをまとめて
添削してもらえば
週1回のレッスンも
効果アップの予感。

2位　ディクテーション

ディクテーションとは
音声のみを聞き
その文章を書きだすこと。

相当大変そうだけど
それだけ「力もつく」という
意見もあり。

今度きちんと
やってみようと
思います。

ラジオ講座で
短い文章を
3つくらいは
やってます。
「of」や「to」など
抜けがち。

1位　英語合宿

朝から晩まで英語のみで
過ごすという合宿。
「英語で思考する」ということが
体得できそうな雰囲気。

費用もかかりますが
探せば安いところも
あるというウワサ…。

英文をなぞると
日本語訳がでる
ペンタイプの電子辞書。使ってみたい…

STEP 8

ラジオ英会話を聴いてみた！

前から不思議に思っていたことがある。

それは、「ラジオで英語を覚えた人」はいても、「テレビで英語を覚えた人」の話は聞いたことがない、ということ。

私の知り合いはラジオを一年間聴いて勉強して英語が話せるようになったらしいし、ほかにもそういう人の話を聞いたことがある。

トニーは、「テレビのほうが唇の動きとかがわかって勉強しやすいはずなんだけどねえ」と言うのだが。

独学で何ヵ国語もマスターした彼の言い分は、

「語学番組なのに日本語でしゃべりすぎるのがよくないと思うよ。全部その国の言葉で話して、見ている人はその国の言葉で理解していけばいいんじゃない？」

確かにそうかもしれません。でも同時に、それは「語学がたまらなく好きな人」か、「ある程度のレベルにきた人」にあてはまることかもしれないなぁとも思います。

本場の語学授業をリアル体験できる！

ＮＨＫ教育だといっても、チャンネルを合わせた人はつかまえたい、そんな野心があるにちがいない。その国の言葉だけを使ってちゃ、初心者に敬遠されてしまうということなんでしょう。

その結果が、毎年すごい速度でバラエティ化してきている番組作り。

だけど、ただでさえ短い一五分、出演者同士のたいへん予定調和なトークはもう少し少なくてもいいんではなかろうか。

そんな中、私のお気に入りは「ＮＹＵ（ニューヨーク大学）の英語の授業をそのまま流す」という番組「英会話エンジョイスピーキング」。

アメリカの「授業をそのまま」だし、生徒も世界各国出身なので、一度も日本語は話されません。「まとめ」などで出てくる字幕も英語。とにかく英語。

でもそのほうが集中力が増すと思う。「がんばって聴き取ろう」という前傾姿勢になります。

テーマは「ブランチのメニュー」だったり、「文章の言い換え」だったりと難易度はバラバラだけど、とにかく英語を一五分間聴き続ける、ということがいいのではないだろうか。

これはトニーのおすすめでもあります。しかしやっていないシーズンもあるのが残念なところ。

アメリカのお子さま番組は繰り返して活用！

ほかにテレビで見ているのは、やはりＮＨＫ教育でやっている「ライオンたちとイングリッシュ」と「セサミストリート」。「ライオンたちとイングリッシュ」は「セサミストリート」と同じように子ども向けの英語教育番組。

どちらも日本語吹き替え版もやっているけど、もちろん私は英語で見る。内容は一応わかるのだが、聴き取れないセリフもいっぱい

NYUの先生は
お年を
召してても
鮮やかなシマシマ。
とっても
オシャレで
すばらしい。

あります。

「セサミストリート」は特にマペットの声がこもりがちで、「モアモア」としかわからないことも多々あり……。なので、時間があれば録画しておき、最初に英語で見て、わからないところがあったら巻き戻して日本語で聴き、さらにもう一度英語で聴いてみると、さっきは「モアモア」だったセリフも「ああ、この単語を言ってたのか」とわかったりするのでおすすめです。

それにしても昔はこういうアメリカで作られた子ども向けキャラクターを見るたび、

「海外での〝かわいらしさ〟のセンスってわからん」

と思っていたのですが、そんな私も今やエルモに夢中である。かわいい。いや、かわゆい。赤くてフワフワでのんきな生物。失敗しても気まずいことがあってもすべてを笑ってごまかす、という姿勢も見ならいたいところだ。

あとはあまり興味がないドラマや映画であっても、英語を聴くために流しておくことがよくあります。

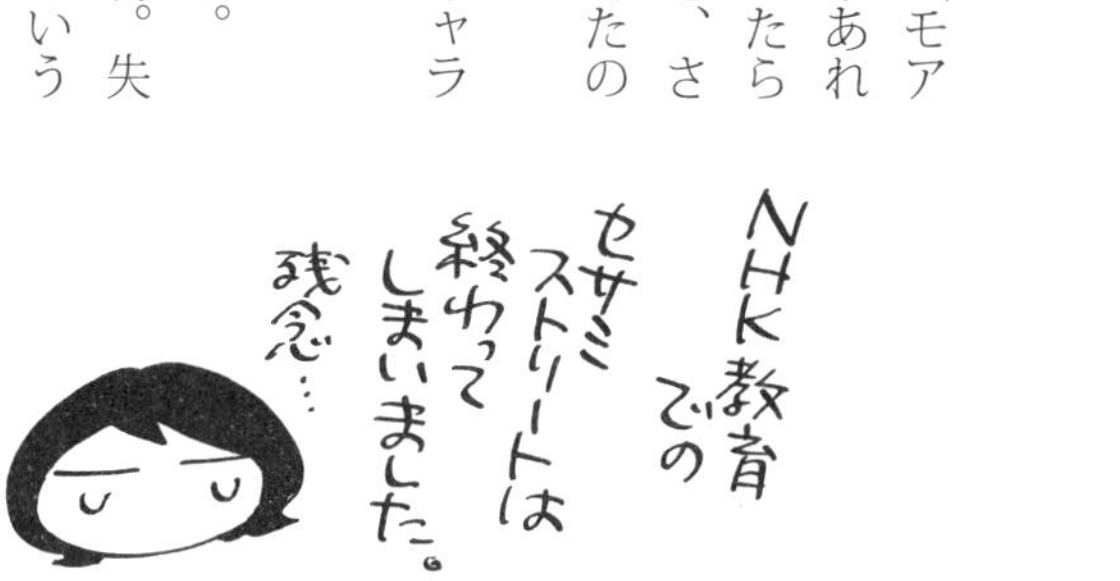

NHK教育でのセサミストリートは終わってしまいました。
残念…

最初はそれこそ「サンキュー」だけしか聴き取れなくても、だんだん長いフレーズが聴き取れるようになると思う。

「ワラユトーキンバゥ」

と聞こえても、それは、

「ホワット　アー　ユー　トーキング　アバウト？」なのだと。

体で理解する感じですね。

会話の中にはこういう決まり文句が結構あるので、それだけでも聴き取れるとうれしいもの。それを励みに、八〇％ほどある呪文（じゅもん）部分を乗り越えるのだ。

集中できる一日一五分の「ラジオ英会話」

ふだんテレビはだいたい毎日見ているけど、ラジオとなると受験生以外は「スイッチを入れる」という動作がすでに「かなりのやる気」レベルという感じです。

でも英語の勉強の仕方という本やサイトを見ていくと、「基本は

DVDでも勉強しようと思って
買ってあるのですが…
まだやってません
Shocked is more like it.

やっぱりＮＨＫラジオ英会話」と書いてあることがほとんど。

私も英語をやろうと決めた最初の頃から、とりあえずテキストなしで番組のみ聴いていました。

まずはカタチから、とカッコイイ形のＣＤラジオを買ってみたりして。バカ。それがまたすぐ故障して取り替えにいかなくちゃいけなかったりして。涙。

まあとにかく、聴き始めました。

最初のうちは忘れてしまうので、ラジオの番組表を壁に貼って。

平日三時一〇分から「英語リスニング入門」。

続けて「英会話レッツスピーク」。

それぞれ一五分。

「英語リスニング入門」は初心者向けといっても容赦ないスピードや発音です。一回めはまったくワケがわかりません。でも何度か聴くうちに、前は聴き取れなかったフレーズが理解できたりするので、「学べた！」という感じがします。

「英会話レッツスピーク」は、意外なほど先生の声が美声！

学習のためには
「アクション」より
「会話が多いもの」を
選んだ方が
いいですね、もちろん。
(恋愛モノとか)
私は
半額セールで
「スター・トレック」を
買いました
宇宙行く予定は
ないんですけど

この先生は「岩村圭南（いわむらけいなん）」という方なのですが、なんていうかものすごい「いい声」だと思う。「J－WAVE」で「ヘロー　エブリワン！」と言っていてもおかしくない感じのジョン・カビラ的声なのです。私は最初テキストを買ってなかったので、

「ユア　コーチ　イズ　いわむらけいなん！」

と番組冒頭で言われるたび、

「けいなん……」と字面に思いを馳（は）せていたのですが、とうとう本屋へ字を見にいったりもしました。

で、しばらく聴いていたのですが、いやー、やっぱりいいですね、ラジオ。

英会話学校だと一時間さかなくてはいけないけど、ラジオなら最低一五分。これくらいなら、たいてい都合がつくもんです。私は昼間聴いているけど、どちらの番組も朝と夜にもやっているので、日に三回聴くチャンスがあるし。

毎日やっているから何日か空（あ）いても、また聴き始めればいいだけ。それにテキスト買っても一ヵ月三五〇円と経済的。

圭南

ということで、テキストも買い始めまして、本格的に聴いております。

特に「英会話レッツスピーク」は日常生活をもとにしたスキットで、私のように「日常会話ができれば……」というあいまいな夢を抱く者にとっては大変に役立つ番組だと思う。

何度も英文が読まれるので、それについてオーバーラッピングしていけば、一五分の中でも四〜五回スキットを読み通せる。勉強を始めた頃には「英語を話すこと」自体に慣れてなかったのですが、最近は話すことも読むことも、だいぶ慣れてきました。

ただ疑問が一つ。

番組内で役割分担を決めてそのセリフを言い合うという「ロールプレイ」があるのですが、リスナー（英語学習者）に割り当てられる役が必ずしもセリフが一番多いわけではなく、しかも「ロールプレイ」は二回やるのにもかかわらず役を替えないので、同じセリフをもう一度繰り返すことになります。二回めは役を替えたほうが、いろんなセリフを言えていいのでは？

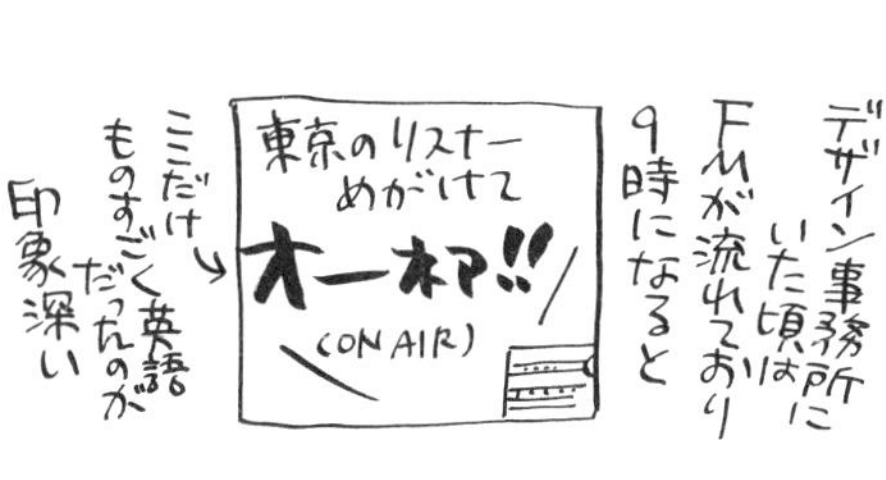
デザイン事務所にいた頃は
FMが流れており
9時になると
東京のリスナーめがけて
オーネア!!
(ON AIR)
ここだけ→
ものすごく英語だったのが
印象深い

しかし、その裏には歴史あるメソッドの大いなる計算が隠れているのかもしれない……。

かろうじて耳に入れば……の「FEN」

そして、このNHKのほかに時間があれば、「FEN（Far East Network＝極東放送）」や「InterFM」を流していることもあります。「FEN」は相当速いのでむずかしく、完全にBGMと化すこともあるけど、聴いてないよりはマシか、くらいの気持ちで。

結局、やっているのは、このラジオを聴くことと、『DUO』から書き出した英文を紙に書き、壁に貼って、目についたときにそれを覚えること。

日本にいると英語を使う機会がないので、目にしたとき口に出すことで、「疑似（ぎじ）機会」を作っているのです。

これも仕事がとても忙しくなってくると新しい単語をインプットする余裕がなくなってもくるのですが、何日かできなかったからも

でも
ふだんの
仕事中も
時々フツーの
ラジオ番組
聞くことも
あります

うやめよう……と思うのではなく、何日か空いても「何回でもやり直す」という気持ちで挑(いど)んでおります。

今現在もとても単語を覚える脳的余裕がなく、貼った紙も風景となりつつありますが、でも、あきらめてはおりません。

少々間が空いても、何度も何度も刷り込むことで記憶できると信じております。

覚えるための「貼り紙」はココに！

それにこんな忙しいときでも、必ず見る場所があります。

それはトイレ。

トイレに貼った紙だけは、いつでもダントツに覚え率が高い。

座ったときの目の高さに貼ってあるのでイヤでも見てしまうし、しかもトイレの中では一瞬、脳に「間」が空いているのではないでしょうか。

ラジオも、出かける用事がなければだいたい聴いてます。

果たして効果は？

あります!!　と、ここで元気よく答えられたらどんなに素敵でしょうか。実際は……うーん、どうなんだろう。

聴き始めた頃にくらべれば、英文を読み上げる速度はかなり速くなったはず。

そしてリスニングは、ラジオの効果だけではないけど、あるときなんとなく「前より一段階あがった」と感じました。前は「知らない単語」だとまったく音を拾えなかったのが、今は音を繰り返してなんという単語か聴けたりするくらいにはなったし、単語と単語がくっついて消えたようになる部分も、多少わかるようになりました。

文章は……ラジオでは面倒みてくれませんね。一番私に欠けている部分かも。

でもこれはほかを蓄積することによって、最後にうまくなっていくのでは、と勝手に望みをかけております。

あと、わが家に来る「週刊ＳＴ」（の簡単なとこ……）に目を通したり、目についた英文は少しだけでも読むことにしています。

what will you…
あと、
あまり日本語に
訳さず
理解するように
なった感じ

何かの本で読んだのだけど、「第二言語として学ぶ人がネイティヴの域まで行けないのは、その言葉にふれた量がちがうから。ネイティヴには膨大(ぼうだい)な蓄積がある」らしいので、すぐに進歩がなくても「蓄積」を増やしていくのは重要ではないかと、そらしたくなる目をむりやり釘(くぎ)づけにしています。

意味なかったらどうしよう。まさか。

結論！ 私の英語最強メニューは……

そこで私の結論は、地道。

やっぱりこれしかないです。

「何か画期的ですぐ話せるような、すばらしい方法はないんだろうか」と、つい夢見がちになりますが、それは蜃気楼(しんきろう)よりもはかない幻(まぼろし)……。覚悟を決めて、「何年も努力する」ことを受け入れないと仕方がないと思う。私が選んだのは、

・ラジオ
・壁貼り
・英文をたくさん読む

じんじん地道。というか地味。

階段を一段あがれるのはいつなんだろうと不安にもなりますが、でもこれが私にとっては一番自由に勉強できる、だからずっと続けられる方法なのではないかなあと感じています。

勉強はダイエットと同じようなもの。人それぞれに合うやり方があると思う。私のやり方は「逆に根気がいる」と思う人もいるだろうし、一気にやったほうが身につくという人もいるでしょう。

でも二カ月坊主の私が一年続けてこられたということは、このやり方が私には合っているということなんだと思います。

あとは、け、け、結果を出すだけ……。

ただ私の場合、明らかなゴールはないし、「不合格」もない。

「意思の疎通(そつう)」が目標だから、やり続ければやらないより必ず理解

度は深まる、はず。やるか、やめるか。自分との戦いだ。うっ。戦いが始まったあたり、私はやっぱり「英語が好き」じゃないんだなーと再認識してしまいました。やばい。

いや、でも人と話すのはとても好きだし、広い世界を知りたいと思っているので、それを心の支えにして、がんばります。

のんびりだけど、あきらめない。

あきらめないかぎり、昨日より上達する。

そう信じて、今日もラジオのスイッチを入れます！

最後に一言

すいません…
ふつう
こういう
本って
話せるようになった人が
書くもの…
ですよね…
しかも
こんな
8割がた
いいわけの
本…
わたしったら
わたしったら
ほんとうに
すみません…

でも!
まあ
あの
少しでも
お役に
たてたら
いいかなと
思いまして
……
この本を読んで…
「こんな
言い訳番長にはなりたくないわ」と
反面教師にして
いただいたり…
忘れていた漢字を
思い出して
いただいたり
など…
しかし…
いろんなことを
やったりやめたり
私はこうまでして
英語を習得したいのか
いや実は
習得したくないのか
わからない…
だけどやっぱり
目的が
あるんだから
覚えなくちゃ!
ということで
私も今日も
頑張っています
あきらめないで
ボチボチ
いきましょう

本作品は小社より二〇〇四年五月に刊行されました。

小栗左多里（おぐり・さおり）

岐阜県に生まれる。一九九五年、少女漫画誌「コーラス」（集英社）にて、「空に真赤なモノレール」でデビュー。二〇〇二年に出版した『ダーリンは外国人』が大ベストセラーになる。
著書には『ダーリンは外国人①②』『ダーリンの頭ン中』（以上、メディアファクトリー）、『こんな私も修行したい！ 精神道入門』（幻冬舎）、『さおり&トニーの冒険旅行ハワイで大の字』（共著ソニー・マガジンズ）などがある。

だいわ文庫

英語ができない私をせめないで！
I want to speak English!

著者　小栗左多里

二〇〇六年四月一五日第一刷発行

発行者　南 暁
発行所　大和書房
東京都文京区関口一-三三-四 〒一一二-〇〇一四
電話 〇三-三二〇三-四五一一
振替 〇〇一六〇-九-六四二二七

ブックデザイン　鈴木成一デザイン室
装画　小栗左多里
本文印刷　暁印刷・歩プロセス
カバー印刷　山一印刷
製本　田中製本印刷

ISBN4-479-30022-8
乱丁本・落丁本はお取り替えいたします。
http://www.daiwashobo.co.jp